WUNDERRAUM

Lesen ist ankommen.

WLADIMIR KAMINER

Einige Dinge, die ich über meine Frau weiß

Geschichten

WUNDERRAUM

Für Olga

Man muss die Lampen *schützen,*
denn ein Windstoß kann sie auslöschen.

Antoine de Saint-Exupéry

Inhalt

Inhalt

Das Leben nach der Insel

Als kleines Mädchen hat meine Frau Olga viele dicke Bücher gelesen, die sie langweilten. Sie las trotzdem jedes Buch zu Ende. In diesen Büchern, bildete sie sich ein, sei die ganze Weisheit der Welt zu finden, die sie für später brauchte. Sie musste sich schließlich auf das Leben nach der Insel vorbereiten. Geboren und aufgewachsen auf der Insel Sachalin, wusste sie bereits im Kindergarten, sehr bald würde der Tag kommen, da man sie aufs Festland schicken würde. Alle Kinder auf Sachalin wurden nämlich nach der Schule aufs Festland verfrachtet, da sie auf der Insel nichts mehr zu tun hatten. Ihre Eltern, die meisten waren Geologen, blieben und arbeiteten weiter. Sie sandten ihren Nachkommen regelmäßig Unterhaltsgeld, damit diese Kinder des Nordens in den Großstädten des Südens ein schönes Leben hatten, sich weiterbilden oder sich ordentlich einen hinter die Binde kippen konnten.

Die meisten dieser Kinder wollten nach Moskau in die Hauptstadt oder in das milde Jalta. Aber meine Frau zog es in die Stadt mit dem miesen Wetter, nach St. Petersburg. Diese von Peter dem Größten in den Sümpfen gebaute Stadt galt im Bewusstsein vieler als Wiege der Kultur und der Kunst, Russlands Fenster nach Europa. Dort wollte Olga glänzen und die Snobs in den Salons und Clubs mit ihren Kenntnissen der Weltliteratur überraschen. Sie musste, wenn sie dort ankam, bereits alles gelesen, gehört und gesehen haben. Ihr peinlichster Albtraum war damals, dass jemand in St. Petersburg, ein schöner Mann vielleicht, sie nach ihrer Meinung zu einem Buch fragen könnte – und sie hätte es nicht gelesen. In ihrer Vorstellung würden sich die Petersburger in erster Linie für französische Romane interessieren. Deswegen hatte Olga als junges Mädchen bereits tausend Romane von Émile Zola, Honoré de Balzac, Guy de Maupassant, Prosper Mérimée, Alphonse Daudet und Victor Hugo studiert. Letzteren konnte sie besonders wenig leiden. Dieser französische Strudel von Notre Dame, ein geschmolzenes Liebesfünfeck aus Behinderten, Zigeunern, Offizieren, Predigern und Banditen, die ständig übereinander herfielen, irritierte sie sehr. Und doch, wenn jemand käme und sie fragen würde: »Wie hieß die Ziege von Esmeralda?«, hätte sie sofort den richtigen Namen gewusst.

Mit sechzehn Jahren war Olga nach St. Petersburg gereist und hatte die vornehme Gesellschaft dort schnell gefunden. Sie verkehrte in Clubs und Salons und freundete sich mit Malern, Musikern, Dichtern und Theatermachern an. Doch niemand fragte sie nach dem Namen von Esmeraldas Ziege. Die meisten interessierten sich dagegen für Sachalin. Sie wollten wissen, ob es tatsächlich dort das ganze Jahr über so kalt und dunkel sei, dass die Menschen wie Bären in den Winterschlaf fielen und deswegen alle drei Stunden von Sirenen geweckt werden müssten. Ob es stimme, dass jene Bären, die zu früh aufwachten, als Frühaufsteher beschimpft wurden. Ob es wirklich den Fluch gäbe, »Der Frühaufsteher soll dich holen«, und ob man wirklich bei guter Sicht die Felsen von Japan sehen könne.

Einige Jahre später beschloss Olga, mit ihrem damaligen Freund Russland zu verlassen und nach Deutschland zu ziehen. Sie hatte große Hoffnungen, was Deutschland betraf. In ihrer Vorstellung sollte dieses Land die Heimat der europäischen Kultur sein, bevölkert von Dichtern, Denkern und Menschen, die die schönen Künste über alles schätzten. Jeder Bürger würde Schiller und Goethe auswendig aufsagen können, vor dem Schlafengehen Kleist lesen und an Feiertagen Brecht vom Balkon deklamieren. So ungefähr stellte sich Olga Deutschland vor. Bevor sie auf die Reise ging, beschäftigte sie sich ausführlich mit deutscher Literatur, Geschichte und Musik. Sie wollte sich schließlich nicht blamieren. Olga fand Brecht sehr oberflächlich, Nietzsche bezeichnete sie als einen Teenager-Philosophen, Thomas Mann entpuppte sich in ihren Augen als unglaublicher Langweiler. Nicht umsonst hatte der russische Dichter Pasternak über ihn gesagt: »Wo man ein Wort von zehn wählen und aufschreiben soll, schreibt Mann alle zehn auf und kaut sie auch noch nach.«

Doch Olga wollte auf die deutsche Kulturgesellschaft vorbereitet sein. Sie hatte sich alle Opern von Wagner reingezogen, den gesamten Nibelungenring, dazu die deutschen Sagen gelesen und sämtliche Götter des germanischen Himmels studiert. Für alle Fälle. In diesem germanischen Himmel jagten gefallene Krieger fette Wildscheine durch die Wolken, versammelten sich abends in der Kneipe und bekamen von Gottvater Odin persönlich ihre Getränke und Heldenplätze zugewiesen. Wer sich schlecht benahm, wurde von den Walküren, den weiblichen Türsteherinnen dieser göttlichen Schänke, aus dem Himmel verbannt. Olga fühlte sich auf den deutschen Himmel und die Erde gut vorbereitet. In jeder Kneipe konnte einer zu ihr kommen und fragen: »Wie hießen die Raben von Odin?« Sie hätte sofort Bescheid gewusst.

In Deutschland konnten die Eltern auf Sachalin nicht mehr helfen, Olga musste selbst für den eigenen Unterhalt sorgen. Sie arbeitete zuerst bei einer türkischen Gebäudereinigung, später in einem italienischen Restaurant, dann in einem russischen Import-Export-Geschäft und schließlich in einer Disko. Es dauerte eine Weile, bis sie die richtigen Kulturmenschen fand, die Dichter und Denker. Doch die interessierten sich weder für die Raben von Odin noch für Thomas Mann. Stattdessen fragten sie Olga über Sachalin aus. Die zeigte ihnen, wie groß die Preiselbeeren und Blaubeeren auf Sachalin wurden, nämlich so groß wie Hühnereier; sie erzählte, dass sie als Kind eine Eule namens Natalia als Haustier hatte und dass auf dem japanischen Friedhof von Sachalin keine Kreuze, sondern weiße Stöcke standen, auf denen in japanischen Schriftzeichen die Namen und Inschriften von längst Verstorbenen zu sehen waren.

Die Hoffnung stirbt zuletzt. Irgendwo auf der Welt musste doch diese belesene Gesellschaft leben, die mich Wichtiges fragt – vielleicht in Übersee?, dachte Olga. Sie bereitete sich gründlich auf ihre erste Reise nach Amerika vor. Als Kind hatte sie mit großer Freude amerikanische Autoren gelesen, die ins Russische übersetzt worden waren: John Updike, Kurt Vonnegut und die »Trilogie der Begierde« von Theodore Dreiser: *Der Finanzier, Der Titan, Der Stoiker.* Vor allem aber hatten es ihr amerikanische Bücher angetan, in denen irgendwelche kleinen und großen Fische die Menschen in den Wahnsinn und den Tod trieben: der kleine Suizidfisch von Salinger, der hinterhältige Beutefisch von Hemingway und der vom Teufel besessene Wal von Melville. Viele Amerikaner, die Olga kennenlernte, erwiesen sich prompt als begeisterte Angler. Es interessierte sie vor allem, ob es stimme, dass man auf Sachalin, um einen Fisch zu fangen, ein metertiefes Loch ins Eis bohren müsse; sie wollten wissen, wie breit das Loch sein sollte, welche Köder die Sachaliner Fische bevorzugten und wie man sie richtig präparierte.

Später war ich mit Olga zusammen in Japan, in Singapur und in Mexiko-City. Überall auf der Welt klärte meine Frau Menschen über die Insel Sachalin auf, über die dortigen Bären und Beeren, über die Fische und Fischer. Doch irgendwo in der hinteren Ecke ihres Unterbewusstseins wartet noch das kleine Mädchen von der Insel auf die vornehme Gesellschaft, die alles gelesen hat und das Mädchen auf den Prüfstand stellen will. Für diesen Fall hütet das Mädchen und pflegt in seinem Kopf den ganzen Zoo der Weltliteratur: die Ziege von Esmeralda, die Raben von Odin, Salingers Bananafisch und den großen Moby Dick. Die Eule Natalia käme dann zum Dessert.

Einige Dinge, die sie liebt

Meine Frau kann den Winter überhaupt nicht leiden. Schnee ist in ihren Augen Faschismus der Natur. Olga will die Wohnung nicht verlassen, wenn es draußen weiß ist. Noch schlimmer als der Winter ist für sie aber der Herbst in Berlin. Es regnet manchmal wochenlang, und die Kastanienbäume verlieren ihre schwarz-rot-gelbe Pracht, die sich in den Pfützen der Stadt schnell in eine farblose glitschige Masse verwandelt. An solchen Tagen fühlt sich meine Frau krank. Sie fängt an zu husten, zu niesen und nachdenklich aus dem Fenster zu schauen. Im Laufe der Jahre habe ich herausgefunden, was am besten gegen die Herbstdepressionen, gegen Husten und Niesen hilft. Nicht der Knoblauch mit Zitrone, nicht die Hustenbonbons und nicht Vitamin C aus der Apotheke. Sondern ein neues Kleid, neue Schuhe und eine neue Handtasche. Auch ein neuer Schal kann heilende Wirkung entfalten. Kauft meine Frau eine neue Handtasche, die ihr wirklich gut gefällt, hat sie mehrere Wochen danach gute Laune. Mit drei Handtaschen, einem Paar Schuhe und einem Kleid kommen wir gut durch den ganzen Winter und überstehen die ungünstige Jahreszeit ohne große gesundheitliche Schäden.

Ob die Handtaschen tatsächlich gebraucht werden, ist dabei

nebensächlich. Nur unter uns kann ich verraten: Sie werden *natürlich* gebraucht. Um alle Taschen zu tragen, die meine Frau sich während der vielen Winter besorgt hat, müsste sie zwar mehr Hände haben als Kali, die indische Göttin der Zerstörung, die nebenbei bemerkt auf vielen Abbildungen allerlei Waffen und Schmuck, aber keine einzige Handtasche mit sich schleppt. Doch Olga geht es gar nicht um den Nutzen der Dinge. Es geht um Liebe, um das unwiderstehliche Verlangen, diese schönen Sachen zu besitzen. Andere können darüber lästern, doch für mich steht fest: Schöne Frauen und schöne Dinge ziehen sich an.

Manche davon erscheinen meiner Frau im Traum, manche traut sie sich gar nicht anzufassen, und manche anderen werden zu Heiligtümern der Familie. Vor vielen Jahren war meine Frau während einer Reise nach Portugal, allein ihrer inneren Stimme folgend, in einem kleinen Dorf in den Bergen auf einen Markt gestoßen, auf dem handgefertigte Tischservietten verkauft wurden. Sie waren schneeweiß mit einem blauen Muster und unglaublich schön, aber sehr teuer. Aber schön. Und doch verdammt teuer. Die Portugiesen wollten über den Preis nicht verhandeln. Die Servietten seien so teuer, weil sie nur zu besonderen Anlässen serviert würden, erklärten sie uns. Wenn Gäste kämen, die dem Gastgeber wirklich wichtig und teuer seien, nur dann sollten die schneeweißen Tücher aus dem Schrank geholt und neben die Teller gelegt werden. Diese Servietten müssten so teuer sein, damit die Gäste wüssten, wie hoch sie vom Gastgeber geschätzt würden, erklärten die Portugiesen stolz.

Meine Frau konnte sich nicht entscheiden. Die Servietten hatten sie hypnotisiert. Sie konnte ihre Augen nicht von diesen Wundern der Handarbeitskunst abwenden, so wunderschön waren sie. Aber teuer. Aber auch wunderschön! Die Sonne ging langsam unter, ich hatte Durst, Hunger, keine Geduld mehr und sagte:

»Kauf bitte endlich diese verfluchten Servietten! Sollen unsere Silvestergäste ihre Freude damit haben.«

Eigentlich brauchen wir keine überteuerten Servietten. Wir feiern zu Hause keine besonderen Anlässe, außer Silvesterpartys. Jedes Jahr am 31.12. kommen viele Gäste zu uns ins Haus, wo dann ausreichend gekocht, getrunken und getanzt, geschrien und gestritten wird. Oft zieht sich die Party in die Länge, und am nächsten und übernächsten Tag sind wir mit der Säuberung und Renovierung der Wohnung beschäftigt. Wir suchen nach verloren gegangenen Gegenständen und von Gästen liegen gelassenen Sachen. Im Januar finden wir jedes Jahr noch Tage nach der Party unbenutzte Silvesterknaller, vergessene Schuhe, Jacken und Handys. Manchmal finden wir sogar liegen gebliebene Gäste. Alexander Iwanowitsch zum Beispiel, der inzwischen bei uns den Spitznamen »Kopfsalat« hat, weil er gerne mit dem Kopf in der Salatschüssel einschläft. Oder der Musiker Dimitri, der uns mit seiner Darstellung von Väterchen Frost unterhält, aber immer nach Mitternacht versucht, mit dem Sack voller Geschenke abzuhauen, und in einer Ecke im Treppenhaus sitzen bleibt. Oder unsere hyperaktive Freundin Katja, die der Meinung ist, keine anständige Party könne ohne Bauchtanz auf dem Tisch auskommen.

»Kauf die Servietten«, sagte ich also zu meiner Frau. »Unsere Gäste werden sich sicher freuen.«

Olga zog sofort das Portemonnaie aus der Tasche und machte eine portugiesische Großfamilie wohlhabend, die auf einen Schlag 22 Servietten loswurde. Jetzt konnten sie sich ein neues Haus bauen.

Olga brachte die Servietten nach Deutschland und legte sie übereinander in den Schrank. Am 31. Dezember holte sie die Servietten heraus, legte sie nebeneinander auf das Bett und schaute sie lange an. Sie waren jungfräulich weiß mit blauem Muster. Nicht auszudenken, wie sie aussehen würden, wenn die Party vorbei wäre. Wenn Väterchen Dimitri sich damit die Nase geputzt, die hyperaktive Katja eine Rotweinflasche darüber gekippt und Alexander Iwanowitsch sich den Salat damit aus den Haaren gerubbelt hätte. Unsere Gäste sind uns selbstverständlich wichtig, lieb und teuer, aber sie benehmen sich manchmal wie Schweine. Dafür ist Silvester ja auch gedacht. Also versteckte meine Frau die Servietten wieder im Schrank. Die Gäste bekamen Papierservietten und wussten nicht einmal, was ihnen entgangen war.

Am 3. Januar, als der letzte Knaller verbraucht war und der letzte Gast die Wohnung verlassen hatte, holte Olga die wunderschönen Servietten aus dem Schrank und betrachtete sie. Wenn Servietten sprechen könnten, hätten sie sicher »Danke, Olga!«

zu meiner Frau gesagt. »Danke, dass du uns vor der Zerstörung bewahrt hast.«

»Nichts zu danken, Serviettchen«, erwiderte Olga und versteckte ihren Schatz im Schrank erneut – bis zum nächsten 31. Dezember.

Seit fünf Jahren wiederholt sich dieses Ritual. Immer am 31. Dezember holt Olga die portugiesischen Tücher aus dem Schrank, schaut sie liebevoll an und legt sie wieder in den Schrank zurück. Unsere Wohnung, unsere Gäste, wir selbst sehen jedes Jahr älter aus, vom vielen Feiern angekratzt. Nur die Servietten im Schrank meiner Frau bleiben genauso jungfräulich, wie sie damals in den Bergen waren.

Und sie blieben nicht allein. Vor drei Jahren kaufte Olga in Griechenland auf der Insel Santorin einen handbemalten Aschenbecher.

»Ich habe schon immer von einem solch lustigen Aschenbecher geträumt«, freute sie sich. Er war tatsächlich lustig verziert, hatte einen Schnurrbart und ein Auge, das dem Raucher aufmunternd zuzwinkerte. Die Griechen malen oft Augen auf Schmuck und Geschirr. Es sind abergläubische Menschen, die denken, das gemalte Auge könne sie vor dem bösen fremden Blick schützen. Der lustige Aschenbecher sollte das hässliche Glas auf dem Balkon ersetzen, das seit einer Ewigkeit voller alten Kippen dort auf dem Tisch stand.

Schon drei Jahre steht der neue lustige Aschenbecher nun neben dem alten und zwinkert den Rauchern mit seinem Auge zu.

Olga traut sich nämlich nicht, in dem schönen Ding eine Zigarette auszudrücken. Und alle rauchenden Gäste benutzen aus Solidarität mit ihr weiterhin das hässliche Glas.

Ein Jahr nach dem Einzug des griechischen Aschenbechers auf den Balkon bekamen die portugiesischen Servietten im Schrank Gesellschaft. Meine Frau hatte in Frankreich seidene Bettwäsche mit Rüschen gekauft, unglaublich glatt und schwarz. Es war ebenfalls ein Liebeskauf. Einmal im Schaufenster erspäht, konnte Olga nicht mehr ohne diese Bettwäsche weiterleben. Die Bettwäsche sieht tatsächlich königlich aus, sie hat nur einen Nachteil: Man kann darunter nicht schlafen. Sie rutscht von allein vom Bett, manchmal auch zusammen mit den schlafenden Menschen.

Ich vermute, meine Frau hat sie gar nicht für den eigenen Gebrauch gekauft. Die französische Bettwäsche hat eine ganz andere Aufgabe: Sie soll die Servietten im Schrank unterhalten, damit sie sich nicht langweilen. Sie haben einander sicher viel zu erzählen. Und manchmal, bilde ich mir ein, kommt in unserer Abwesenheit noch der griechische Aschenbecher zu Besuch vorbei. Diese Dinge führen ein glückliches, erfülltes Leben. An ihrem Beispiel kann man gut erkennen, worauf es im Leben ankommt: jemanden zu haben, der einen liebt.

Einige Rezepte aus Olgas Küche

Mehrmals habe ich von feministisch geprägten FreundInnen gehört, Frauen seien Männern in Sachen soziale Kompetenz überlegen, weil Mädchen in der Kindheit mit Puppen, also nachgemachten Menschen, spielen, während Jungs ihre Zeit mit geistlosem Gerät vergeuden – mit Pistolen, Autos, Eimern und Schaufeln. Mädchen schauen ihren Puppen in die Augen, streicheln ihre Haare, sie ziehen sie an und aus, bringen sie ins Bett, waschen sie, kochen für sie Brei und zwingen sie zur Essensaufnahme. Diese Kenntnisse können sie dann später bei realen Menschen erfolgreich anwenden. Deswegen fühlen sie sich in ihren sozialen Rollen als Mutter, Oma oder Ehefrau sicherer und selbstbewusster als das angeblich stärkere Geschlecht, das ängstlich und unvorbereitet ins Leben stürzt und sich ständig fragen muss: Wer bin ich? Es kann gut Schnee schippen und Autos lenken, unter Umständen auch schießen, aber in der Kunst der Kommunikation hat das starke Geschlecht Nachholbedarf.

Meine Frau ist der lebende Beweis, dass diese Theorie nicht stimmt. Sie hatte zwar als Kind auch eine Lieblingspuppe namens Nina, eine mollige Blondine in dunkelgrünem Kleid mit weißem Kragen. Doch Olga hatte überhaupt keine Lust, Ninas Kleid zu waschen oder sie zu füttern. Stattdessen las sie der Puppe Geschichten aus ihren Lieblingsbüchern vor. Alle Versuche von Olgas Mutter, einer herausragenden Köchin, ihre Kochkunst an die Tochter weiterzugeben, scheiterten. Olga lernte zwar von ihrem Vater nach altem sibirischem Rezept Kartoffeln braten, und ihre Mutter brachte ihr die Zubereitung des kaukasischen Omeletts bei, an weiteren kulinarischen Übungen hatte sie jedoch kein Interesse. Das bereitete ihren Eltern ziemliche Sorgen. In Russland ist eine Frau, die nicht aufwändig kochen kann, nur eine halbe Frau. Daher auch die jährlichen Hausfrauenwettbewerbe für die besten Teigtaschen, das obligatorische Borschtsch-Fest und die allgemeine Rundheit der Männer, die von ihren Frauen ununterbrochen gefüttert werden. Das russische Internet besteht zu drei Vierteln aus Kochrezepten.

Vor diesem Hintergrund machte sich eine Frau, die nicht am Herd stehen wollte, verdächtig. Was will das Mädchen uns damit sagen?, überlegte die Familie abends in der Küche. Die Schwester von Olgas Mutter, die sich für eine große Erziehungswissenschaftlerin hielt, empfahl den Eltern, Spielzeuggeschirr für Olga zu kaufen, kleine niedliche Töpfchen, Tässchen und Pfannen.

»So wird eure Tochter spielerisch auf das Richtige kommen«, riet die selbsternannte Erziehungsprofessorin.

Olga nahm das Geschenk mit Dankbarkeit an, setzte ihrer Nina den Kochtopf auf den Kopf, gab ihr die Pfanne in die Hand und las ihr weiter Geschichten vor.

Olgas Eltern waren kluge Menschen, sie atmeten tief aus und ließen ihre Tochter in Ruhe.

Einige Rezepte aus Olgas Küche

»Kochkunst ist wohl nicht generationenübergreifend«, schüttelte die Erziehungswissenschaftlerin den Kopf.

Später in St. Petersburg, wo Olga zum Studium hinfuhr, folgte sie dem angeblichen Rat der französischen Königin und österreichischen Prinzessin Marie Antoinette und ernährte sich hauptsächlich von Kuchen. Anders als in der kapitalistischen Welt, in der tausend unterschiedliche Kuchensorten angeboten wurden, die aber alle gleich schmeckten, war die Süßwarenabteilung des Sozialismus extrem übersichtlich, dafür aber von unvergesslicher Qualität. Selbst jene Kinder meiner Generation, die später die Heimat verlassen haben, die um die halbe Welt gereist sind und mit exotischen Ananastorten, salzigem Kaffeebohneneis und heißen Schokoküchlein verwöhnt wurden, werden trotzdem die sowjetischen Kuchen niemals vergessen: das süße Kartöffelchen, die Sternkekse und das Hörnchen mit Creme waren die größten Errungenschaften des Sozialismus. Sie waren süßer als alle Träume Lenins und kosteten nur 20 Kopeken.

Olga war eine fleißige Studentin. Sie hat an ihrem Technologischen Institut stets alle Prüfungen gut bestanden und bekam das höchste Stipendium, 45 Rubel. Sie konnte sich daher rein theoretisch durchaus von Kuchen ernähren. Aber irgendwie war das Geld jeden Monat bereits nach drei Wochen alle. Die letzte Woche ernährte sich Olga von Bratkartoffeln nach sibirischer Art, von kaukasischen Omeletts und dem sogenannten Armutssalat, ihrer ersten eigenen kulinarischen Kreation.

Der Armutssalat:

1 rohe Zwiebel

1 Weißkohl

Äpfel, klein gerieben

Salz

Pfeffer

1 Teelöffel Essig

Der Armutssalat schmeckte vielleicht auf Dauer etwas eintönig, hatte aber einen großen Vorteil: Man konnte damit praktisch kostenlos bei sehr vielen Menschen das Hungergefühl vertreiben. Wie Jesus mit einem faulen Fisch ein ganzes Volk ernährte, konnte meine Frau das ganze Studentenwohnheim des Technologischen Instituts mit ihrem Armutssalat eine Woche lang bei Laune halten. Zwiebel, Weißkohl und Äpfel gab es an jeder Ecke für ein paar Kopeken zu kaufen. Manchmal bekamen die Studenten sogar Gemüse umsonst, wenn es anfing zu faulen, was dem Armutssalat nicht schadete, sondern ihm sogar eine zusätzliche Würze verlieh. Wenn man nicht zu träge war, Schlange zu stehen, konnte man noch preiswerte Linsen dazukaufen. Meine Frau hat es allerdings schon immer gehasst, Schlange zu stehen, und machte um die Linsenschlangen stets einen großen Bogen.

Man muss dazu sagen, dass die Bürger von St. Petersburg deutlich übertrieben auf das Linsenangebot reagierten. Im Zweiten Weltkrieg litt die Stadt – die damals noch Leningrad hieß – unter einer furchtbaren Blockade durch die deutsche Wehrmacht.

Die Brotration der meisten reichte nicht zum Überleben. Viele Einwohner verhungerten. Diejenigen, die bei der Arbeit zusätzlich Linsen bekamen oder Vorräte an Linsen hatten, konnten überleben. Die Blockade hat die Stadt nicht vernichtet, aber seelisch beschädigt. Auch ein halbes Jahrhundert danach standen die Menschen noch Schlange vor den Lebensmittelgeschäften, wenn es dort Linsen gab. Das Brot, die Butter, sogar die Würstchen ignorierten sie. Aber für Linsen waren sie bereit, stundenlang in der Kälte zu stehen, um sie dann säckeweise nach Hause zu tragen und damit ihre Wandschränke, Truhen und Keller vollzustopfen.

Trotz ihrer Gleichgültigkeit dem aufwändigen Kochen gegenüber gewann meine Frau 1983 beim Bratkartoffelwettbewerb im Studentenwohnheim des Technologischen Instituts den ersten Preis. Dabei hatte sie das Geheimnis des sibirischen Kartoffelbratens angewendet, das sie von ihrem Vater, einem Geologen auf der fernöstlichen Insel Sachalin, aufs Festland mitgenommen hatte.

Das Geheimnis der sibirischen Bratkartoffeln
Es ist leicht zu erklären. Man darf die Kartoffeln beim Braten nicht anschauen, keine durchsichtigen Deckel benutzen, nicht mit dem Löffel herumstechen. Zunächst die Kartoffeln schälen, möglichst dünn in Stifte schneiden, die Pfanne auf großer Flamme erhitzen, Sonnenblumenöl (kein anderes!) hineingießen und warten, bis es spritzt. Dann die Kartoffelstiftchen in die Pfanne werfen und zudecken. Später genau ein Mal mit geschlossenen Augen umrühren. Die Volksweisheit besagt, dass die besten

Bratkartoffeln nur zwei Mal angeschaut werden – einmal beim Schälen und Schneiden und einmal beim Essen.

Trotz all dieser Erfolge mit Bratkartoffeln und Armutssalat wollte Olga lange Zeit nichts anderes kochen. In Deutschland ging sie am liebsten auswärts essen, und die Kinder waren stets einverstanden, von anderen bekocht zu werden. Das änderte sich eines Tages, als ich von einer Lesereise aus Hessen mit einem dicken Buch zurückkam. Ich hatte einen Auftritt in einer hessischen Kleinstadt gehabt. Dort, entlang des Limes, der einst die Römer vor den Barbaren schützte und umgekehrt die Barbaren vor den Römern, wohnen heute viele meiner Landsleute, ehemalige Sowjetbürger, die das Römische und das Barbarische in sich vereinen. Eine alte Dame erzählte mir nach der Lesung, ihre Eltern seien vor vielen Jahren aus Russland weggegangen und hier gestorben. Sie und ihr Mann könnten kein Russisch und ihre Kinder sowieso nicht. Sie besaß aber von ihren Eltern noch immer ein altes russisches, sehr wertvolles Buch, eine Rarität, einen Familienschatz, den ihre Eltern mehr als die Bibel geachtet und jedes Wochenende mit Tränen in den Augen durchgeblättert hatten. Und weil ich in ihren Augen ein öffentlicher Träger der russischen Kultur war, wollte sie mir dieses kostbare Werk schenken.

»Endlich reich«, dachte ich und überlegte fiebrig, was das für ein wertvolles Buch sein könnte. Vielleicht die angeblich verbrannte Fortsetzung der *Toten Seelen* von Gogol. Oder noch besser: ein von Fjodor Dostojewski handsigniertes Exemplar von

Einige Rezepte aus Olgas Küche

Schuld und Sühne mit der Widmung »Mach keinen Quatsch Junge und hab Spaß beim Lesen. Dein Fjodor«.

Die alte Dame packte ihren Schatz aus. Es war ein im Jahr 1899 gedrucktes monumentales Opus: *Das beste Geschenk für junge Hausfrauen* von Helene von Molochowetz – das am häufigsten gedruckte Buch der russischen Monarchie. Ein Kochbuch mit 4000 Rezepten.

Etwas enttäuscht brachte ich den Wälzer mit nach Berlin, aber für alle unerwartet verliebte sich Olga in die Lektüre. Das Kochbuch warf ein völlig neues Licht auf die Geschichte unseres Landes. Mit diesem Buch entdeckten wir ein neues unbekanntes Russland, das uns bis dahin verborgen geblieben war. Es war nicht das Land der Menschen, die Schlange standen, um Linsen zu kaufen. Im Gegenteil, es war ein Land der Fresser und Trinker, ein überaus reiches, großzügiges, gastfreundliches, am Überfluss leidendes Russland. Seine Bürger lagerten laut dieser Quelle riesige Vorräte an schwarzem und rotem Kaviar sowie anderen Delikatessen in ihren Kellern und hatten nichts Besseres zu tun, als einander tagaus, tagein gegenseitig zum Essen einzuladen. Nach diesem Buch zu urteilen, aßen die Russen ununterbrochen, mit und ohne Anlass. Sie kochten, soffen und schmatzten. Für etwas anderes hatten sie keine Zeit, denn oft kam auch noch unerwarteter Besuch, der bewirtet werden musste:

Wenn Sie unerwarteten Besuch mit kleinem Hunger haben, schrieb die Autorin, *möchte ich Ihnen die kleine kalte Fischplatte für zwischendurch empfehlen. Lassen Sie dafür den kalt geräucher-*

ten, im Gänsefett eingelegten jungen Stör und ein halbes Pfund Kaviar aus dem Keller holen, dazu zwei Dutzend Wachteleier streng gekocht, ein gutes Stück von der Hechtsülze, rohen Lachs mit frisch geriebenem Meerrettich, eine Auswahl an klaren Schnäpsen mit Ingwer, Preiselbeere, Blaubeere, Vogelbeere und Walnuss. Dazu eine Salzgurke.

Dieses Buch offenbarte uns das Bild eines Russlands, das wir nicht kannten. Ein Russland von Menschen, die ihr Leben nicht in Fabriken und Betrieben vergeudeten, sondern zu Bällen und Empfängen gingen, geräucherte Störe im Keller hatten und zu einem Abendmahl ein ganzes Ferkel mit Buchweizen und Pflaumen gefüllt auf den Tisch zauberten. Sie tranken Weine! Sie hatten eine schier endlose Auswahl an allen möglichen Schnäpsen, von deren Existenz sowjetische Bürger keine Ahnung hatten. Eigentlich kannten wir, die Kinder der Sowjetunion, gar keine Getränke und Speisen aus diesem Buch. Außer der Gurke vielleicht.

Den Höhepunkt des Buches bildete aus Sicht meiner Frau das zauberhafte Kapitel »Abendtee mit Freunden«. Dieses Rezept, das in Wahrheit ein Gedicht ist, hatte Olga zu einem neuen gastronomischen Konzept der Familie erklärt und sehr erfolgreich in unserer Küche mehrmals umgesetzt.

Der Abendtee mit Freunden

Manchmal versammeln sich alte Bekannte zu einem freundschaftlichen Gespräch, das sich über Mitternacht hinauszieht. Und plötzlich überkommt Heißhunger die nette Runde. Zum Kochen und

Einige Rezepte aus Olgas Küche

Braten bleibt keine Zeit. In diesem Fall kann der einfache Abendtee ein verspätetes Abendessen ersetzen. Ein langer Tisch wird mit
einer frischen Tischdecke bedeckt. In die Mitte des Tisches stellen
Sie eine Schale mit Früchten: Äpfel, Birnen, Mandarinen, Pfir-
siche und Weintrauben.

Rechts neben die Schale kommen Körbchen mit Hausgebäck:
Mandelgebäck, Schokoladengebäck, englisches und französisches
Gebäck sowie Zitronengebäck und Eierkuchen mit Konfitüre: Erd-
beerkonfitüre, schwarze und rote Johannisbeere, Kirsche, weiße
Pflaumen und Orange. Dazu wird grober Bergkäse serviert. Links
von der Fruchtschale platzieren Sie die Schinken und Wurstauf-
schnitte, darum herum die Rotweine und Liköre. Weiter rechts von
der Schale die Weißweine und Obstler.

Neben dem Korb mit frisch gebackenem Brot ist noch Platz für
Teller mit geschnittener Kalbszunge, gekochten Eiern und Salaten,
geräucherten Wachteln und Schmalzstullen.

Auf zweieinhalb Seiten beschreibt Frau von Molochowetz, was
noch zum Abendtee dazugehören möchte und welche Löffelchen
und welche Serviettchen man benutzen sollte.

Olga hat immer wieder versucht, das Ganze möglichst rezept-
treu nachzustellen, und jedes Mal fragten wir uns, wo eigentlich
der Tee blieb? Die Freunde, die zum Abendtee kamen, zeigten
sich aber auch ohne Tee von der russischen Küche begeistert.

Auch unsere Kinder lernten durch solche Rezepte die russische Küche kennen, waren aber weniger begeistert. Sie wussten

von früher Kindheit an, dass diese Küche nicht zum schnellen Füllen des Magens diente, sondern zu einem anregenden Gespräch mit Freunden. Deswegen fragten sie jedes Mal, wenn ein Abendtee mit Freunden serviert wurde, ob sie vorher nicht noch schnell zu McDonald's gehen dürften. Wir haben solche Wünsche mit Nachsicht und Verständnis zur Kenntnis genommen. Was soll man machen, jede Generation hat ihre eigene Vorstellung von den wahren kulinarischen Genüssen.

Ich möchte mich hier auf keinen Fall über die Jugend lustig machen. Es ist ein sicheres Zeichen des Älterwerdens, wenn man anfängt, über die Unfähigkeit und den schlechten Geschmack der jungen Generation zu schimpfen. Ich erinnere mich noch gut, wie meine Eltern eines Tages damit begannen, sich über meine Frisur, meine Musik und meinen Kleidungsstil zu empören. Sie kamen mir furchtbar alt vor, ich hatte beinahe Mitleid mit ihnen. Deswegen möchte ich nicht zu früh in ihre Fußstapfen treten, obwohl es mir schwerfällt angesichts der Tatsache, dass die heutige Jugend überhaupt nicht kochen kann, weder russisch noch deutsch.

Die Fast-Food-Generation überrascht aber immer wieder. Neulich fragte mich unsere achtzehnjährige Tochter am Telefon, wie man das perfekt gekochte Weichei hinbekäme – nicht zu hart und nicht zu weich. Meine liebe Tochter, die nicht einmal eine Woche brauchte, um ein dickes Buch von Sartre im Original durchzulesen, die philosophische Aufsätze über die Bedeutung der individuellen Freiheit angesichts der Endlichkeit des Lebens schreibt, versucht seit einem halben Jahr mit wechselndem Erfolg, ein Weichei hinzukriegen. Sie hat sich das Rezept genau aufgeschrieben. Dabei hatte sie mehr Fragen als bei der Sartre-Lektüre. Wie heiß bzw. kalt soll das Wasser sein, in das man das Ei legt? Ab welcher Temperatur soll man die drei Minuten zählen, die das Ei braucht, um weich zu werden und zu bleiben? Und das Wichtigste zuletzt: Wie bekommt man das fertige weichgekochte Ei aus dem Topf, ohne es zu beschädigen und sich die Finger zu verbrennen? Fragen über Fragen. In der Theorie kam meine Tochter langsam voran, bei der praktischen Umsetzung haperte es.

Dabei ist sie kein Einzelfall. Im Sommer besuchte uns ein junger Mann namens Sascha, der älteste Sohn meines alten Freundes, der genau wie ich vor einem Vierteljahrhundert Moskau verlassen hatte, sich aber nicht in Berlin, sondern in Paris eine neue Existenz aufgebaut hatte. Sein Sohn, ein großartiger Mensch von 26 Jahren, der mit achtzehn zu Hause ausgezogen war, mehrere Berufe ausübte, mit einem Mädchen zusammengezogen war, Geschäfte machte und sein Jurastudium inzwischen fast fertig hat, konnte ebenfalls mit den zwei Eiern nichts anfangen, die ihm Olga in die Hand drückte. Sie zeigte ihm, wo die Pfanne stand und Salz und Pfeffer, und meinte, weil sie gerade wegmusste, er solle währenddessen nicht verhungern und sich schnell selbst ein Omelett zubereiten.

Sascha schaute sie so verständnislos an, als hätte er noch nie ein Ei gesehen. Doch er war schlau genug, seinen Vater in Paris anzurufen, der ihn per Telefon Schritt für Schritt zu einem Omelett lotste. Wir wunderten uns sehr, dass man so lange auf der Welt sein konnte, ohne jegliche Kochkenntnisse zu besitzen.

»Das kann doch nicht wahr sein«, wunderte sich Olga, »dass ein Mann kein Omelett zubereiten kann.«

Ein andermal besuchten uns Freunde aus Amerika. Olga bereitete für sie das kaukasische Omelett zu. Sie waren von der Kunst des Omelettmachens so fasziniert, als hätte meine Frau vor ihren Augen ein Kaninchen aus dem Hut gezaubert. Als sie auch noch Kartoffeln nach sibirischer Art für sie briet, wollten die Amerikaner wissen, an welcher Universität sie ihre Kochausbildung absolviert hatte.

Die Zeiten haben sich geändert. Dabei ist manches Wissen verloren gegangen. Unser sozialistischer Staat hat sich um Omeletts nicht gekümmert. Er strebte eine gerechte Weltordnung an – das Omelett mussten sich die Bürger selbst machen. In der kapitalistischen Konsumgesellschaft bekommt die Jugend das meiste fix und fertig vorgesetzt. Deswegen können viele nicht kochen, sie können keine abgefallenen Knöpfe wieder annähen, und manche können ihre Schnürsenkel nicht binden, weil sie an ihren Schuhen nie welche hatten. Dafür aber wollen sie eine gerechtere Weltordnung und den Hunger abschaffen. Wir sagen: Leute! Der erste Schritt dazu ist das kaukasische Omelett!

Das kaukasische Omelett:
Zwiebeln und Tomaten klein schneiden und ordentlich anbraten. Eier rühren, in die Pfanne geben, Salz und Pfeffer dazu. Dill und Petersilie drüberstreuen, fertig.

Olgas Mutter kommt

Meine Schwiegermutter kommt jedes Jahr am Tag der Großen Oktoberrevolution zu uns – und bleibt bis Weihnachten. Als Geschenk bringt sie Wurst aus ihrem kaukasischen Dorf mit, die alle in der Familie gerne mögen. Diese russischen Würste sind wurstiger als die hiesigen, sie riechen nach unbekannten Gewürzen und haben mehr Geschmack. Niemand kann diesen Würsten widerstehen, sogar die vegetarischen Freunde unserer Kinder aßen sie schon mal mit. Wir hatten ihnen gesagt, russische Würste enthielten eh kein Fleisch, und sie taten so, als glaubten sie uns.

Jedes Jahr, drei Tage vor Silvester, fliegt meine Schwiegermutter in den Kaukasus zurück. Das müsse nicht sein, versuchte ich sie mehrmals umzustimmen, sie könne auch länger bei uns bleiben und zum Beispiel Silvester in Berlin mit uns feiern. Das werde von der deutschen Gesetzgebung her, trotz aller Verschärfungen, noch geduldet. Gemäß der geltenden Einreiseregeln der EU darf eine ausländische Schwiegermutter bis zu drei Monate am Stück zu Besuch kommen, sie muss nicht einmal eine Sprachprüfung dafür ablegen. Sie muss bloß ihre biometrischen Fingerabdrücke von beiden Händen im deutschen Konsulat abgeben, eine teure Krankenversicherung abschließen, einen Eintrag aus dem russischen Grundbesitzregister vorlegen, eine Steuererklärung, eine medizinische Unbedenklichkeitsbescheinigung, eine Auskunft von der Polizei und 20 000 Rubel. Dank dieser Gesetze hat die Schwiegermutter ihr Häuschen im Kaukasus offiziell als ihren Grundbesitz angemeldet. Davor hatte sie in dem Haus einfach so gewohnt wie alle in ihrem Dorf.

Letztes Mal hatte meine Schwiegermutter alle Papiere beisammen, und trotzdem wurde sie in Berlin auf dem Tegeler Flughafen rausgebeten. Zuerst stimmten die biometrischen Fingerabdrücke nicht mit allen ihrer zehn Finger überein. Manche Finger waren mit den in Moskau abgespeicherten Abdrücken identisch und andere nicht. Außerdem wurden im Koffer der Schwiegermutter vier russische Trockenwürste gefunden. Ihre Sachen wurden vom Zoll aufs Genaueste durchsucht, und sie kam erst nach einer Stunde wieder. Meine Frau und ich warteten inzwischen im Ankunftsbereich und machten uns große Sorgen.

Meine Frau dreht jedes Mal durch, wenn ihre Mutter zu Besuch kommt. Einerseits liebt sie ihre Mama über alles, denkt ständig an sie und will sie sehen. Andererseits ärgert sie sich über ihre fortdauernde Wurstschlepperei, über die Kochshow, die sie in der Küche bereits um acht Uhr früh veranstaltet, über ihre ständige Angst, gegen die Gesetze zu verstoßen, zu spät zu kommen oder zu lang zu bleiben. Meine Schwiegermutter erzählte, sie habe schon als Kind diese Angst gehabt. Im Kaukasus musste sie mit dem Zug ins nächste Dorf zur Schule fahren, man hörte die Lok bereits von Weitem pfeifen. Der Zug schleppte sich langsam durch die mit Wermut und Maisfeldern bewachsene Steppe. Er hielt nur für ein paar Sekunden in einer Kurve. Die Schwiegermutter hatte immer Angst, der Zug würde nicht auf sie warten. Sie hat nie gefrühstückt, sondern nahm stattdessen ihre Wurststulle mit und suchte eine Abkürzung durch das Maisfeld. Die Maispflanzen waren so hoch, dass sie den Zug nicht sehen konnte, sie rannte gewissermaßen blind dem Zuggeräusch entgegen. Es gab auch keinen Bahnsteig in der Steppe, sodass immer jemand dem kleinen Mädchen in den Zug helfen musste. Es war aber immer einer da, der sie hineinhob. Zum Dank bekam derjenige ein Stück von ihrem Wurstbrot.

Die Schwiegermutter hat während ihrer gesamten Schulzeit nie den Zug verpasst, ist aber trotzdem oft zu spät zum Unterricht gekommen. Ein Paradox. Auch heute als erwachsener Mensch dreht sie durch vor Angst, zu spät am Bahnhof oder Flughafen zu sein. Lieber würde sie einen Tag früher losfahren, um die Maschine ganz sicher zu erwischen.

Die Durchsuchung am Flughafen hat sie sich sehr zu Herzen genommen. Zu Hause angekommen packte sie als Erstes die zwei verbliebenen Würste aus, die vom Zoll in ihrem Koffer nicht entdeckt worden waren. Es waren nämlich insgesamt sechs gewesen, die sie dabeigehabt hatte.

»Muss das sein, Mama?«, regte sich Olga auf. »Wir sind schließlich hier in Deutschland, der Heimat aller Würste.«

»Nichts für ungut, aber die hiesigen kannst du mit den echten, mit unseren nicht vergleichen«, erwiderte die Schwiegermutter heftig.

Meine Frau hasst das Thema Wurst. Sie ist bereit, über alles zu reden, über Politik und die Gefahren eines möglichen Krieges, über Kosmetik, über die Filme des vorigen Jahrhunderts, über das Wetter, das jedes Jahr schlechter wird, aber nicht über Wurst. Mit dem Einzug der Schwiegermutter riecht unsere ganze Küche danach.

Dieses Mal haben wir uns auf ihren Besuch vorbereitet und extra für sie für einen Monat ein russisches Fernsehprogramm abonniert, um sie vom Kochen abzulenken. Das hat geholfen. Das Fernsehen hypnotisiert die Schwiegermutter so zuverlässig wie den Großteil der Bevölkerung in meiner alten Heimat. Sie sind Weltmeister in Sachen Selbstvergessenheit. Nicht in Mexiko und nicht in Amerika, nirgendwo auf der Welt werden so viele Serien gedreht wie in Russland. Groß in Mode sind auch historische Filme aus der nahen Vergangenheit. Russen haben sich schon immer schwer damit getan, sich mit der eigenen Geschichte auseinanderzusetzen. Sie riecht nach Massengrab, und der Staat will die Archive noch immer nicht offenlegen und ehrlich berichten, was geschah. Entweder schämen sie sich, oder sie haben Angst, dass ihre Helden sich in Wahrheit als Schurken erweisen. Immerhin sind nach diesen Helden viele Städte und Straßen benannt worden.

Russen haben aber eine Lösung gefunden, wie man schmerzfrei mit der eigenen Geschichte umgeht: Sie drehen Filme, in denen sie ihre Vergangenheit in einer Mischung aus Wahrheit und Fiktion auf künstlerische Art veredeln. In der Regel werden solche Serien nach den Helden benannt, um die es geht: nach den vom Volk geliebten Sängern, brutalen Generälen, flammenden Revolutionären, vom Regime gefolterten Dichtern oder unsterblichen Generalsekretären.

Meine Schwiegermutter verbrachte eine wunderbare Zeit vor dem Fernseher mit der ersten Staffel der Serie »Breschnew«. Dieser Mann leitete das Land fast zwanzig Jahre, und die Hälfte der Zeit war er so schwer krank, dass niemand verstehen konnte, was er sagte. In seinem vor Kurzem veröffentlichten Tagebuch schrieb er fast nur darüber, wie viele gelbe und wie viele blaue Pillen er wann genommen hat und wie er sich danach fühlte. Ich glaube, während der letzten zehn Jahre seines Lebens haben diese Pillen unser Land regiert. Je nachdem, welche von ihnen Breschnew genommen hatte, wurde er mal diktatorischer, mal liberaler. Aber die Menschen ließen sich nichts anmerken. Das Land lebte weiter, als wäre alles in bester Ordnung.

Im Film fährt Breschnew einmal an einem Lebensmittelladen vorbei und sieht eine große Schlange vor der Tür stehen. Er befiehlt dem Chauffeur anzuhalten, steigt aus, geht hinein und fragt die in der Schlange Stehenden, ob sie glücklich seien. Ja, schon, geht so, sagt die Schlange im Chor.

»Haben Sie eine Wurst?«, fragt Breschnew die Verkäuferin.

Diese wird ganz rot im Gesicht. Sie sucht lange und findet schließlich eine Wurst, die so alt und hart wirkt, dass Breschnew und seine Bodyguards sich nicht trauen, ein Stück davon abzubeißen. Also nimmt der Breschnew die Wurst mit und nimmt sich vor, sie bei der nächsten Sitzung an den Fleischminister im Politbüro zu verfüttern. Es kommt zu einer äußerst lebhaften Auseinandersetzung, bei der unser Minister mit der eigenen Wurst beinahe erschlagen wird. Am Ende der Serie hält der Generalsekretär eine mitfühlende Rede an das Präsidium:

»Wir sind dem Volk Wurst schuldig«, sagt er.

»Was du nicht sagst!«, japste die Schwiegermutter. Sie fand den Film toll, nur eben fünfzig Jahre zu spät gedreht.

Bei den Nachrichten wurde sie dann wieder nachdenklich.

»Wir müssen unser Atomwaffenarsenal ausbauen«, sagt der amerikanische Präsident, »damit die Welt weiß, wer hier das Sagen hat.«

Der russische Präsident erklärt etwas unvermittelt, es gebe auf der ganzen Welt keinen Gegner, mit dem Russland nicht fertigwerden würde.

»Wie kann das nur passieren, dass gleichzeitig überall auf der Welt Idioten regieren?«, wunderte sich die Schwiegermutter.

Kurz vor Weihnachten wurde der russische Botschafter in der Türkei erschossen. Für viele Russen kam das unerwartet. Im Fernsehen bekommen sie immer zu hören, die Türkei sei unser bester Freund, und zusammen befreien wir Syrien von Banditen. Es werden keine obdachlosen Kinder gezeigt, die vor Schreck nicht mehr weinen können. Stattdessen sieht man lächelnde Piloten und Generäle, die jeden Tag von einem neuen Sieg berichten. Bald haben wir ganz Syrien befreit, und alles ist gut.

In Deutschland bekommt die Schwiegermutter von ihrer Tochter ganz andere Bilder zu sehen, sie wird ent-putinisiert. Kaum kommt sie in ihr Dorf zurück, wird sie von den Nachbarn ausgefragt, was nun im weiten europäischen Ausland über Russland und die Russen erzählt wird. Die Schwiegermutter trägt die andere Meinung ins Dorf und zählt dort inzwischen zu den Dissidenten. Die Dorfbevölkerung schwankt. Sie weiß nicht, wem sie Glauben schenken soll: Putin oder der Schwiegermutter.

Olga ist jedes Mal verzweifelt, wenn ihre Mama nach Hause zurückfährt. Einerseits ist sie froh, wieder Ruhe in der Küche zu haben, andererseits macht sie sich Sorgen, dass sie die Mutter ein ganzes Jahr nicht sehen wird.

»Bring nächstes Mal bitte keine Würste mit«, sagt sie.

»Natürlich nicht«, sagt die Schwiegermutter und zwinkert uns zu.

Die goldene Libelle

»Was machen Sie beruflich?«, wird Olga oft gefragt.

»Ich bin als Hausfrau tätig«, antwortet sie und erntet verständnislose Blicke. Laut deutschem Berufsverzeichnis gehört »Hausfrau« nicht zu den anerkannten Berufen. Hausfrauen haben, soweit ich weiß, keine Gewerkschaft, die ihre Interessen vertritt, sie haben keine geregelten Arbeitszeiten und können sich nicht krankschreiben lassen. Ihre Arbeit verläuft im Stillen. Obwohl meine Frau als Muse und Hüterin tagtäglich alle Hände voll zu tun hat – Kinder müssen bekocht und erzogen, Mütter ruhiggestellt, Katzen gestreichelt werden –, macht sie es mit einer solchen Leichtigkeit, dass für Außenstehende tatsächlich der Eindruck entstehen könnte, sie würde nichts tun. Alles geschieht wie von allein.

Nur selten bekommt Olga Lust, sich literarisch, gar wissenschaftlich zu betätigen. Dann schreibt sie. Einmal hatte sie die Idee, das Wesen der russischen Frau in einem Buch zu erklären. Sie wollte dieses Phänomen nicht als Klischee, als nationale Besonderheit präsentieren, sondern als Charaktereigenschaft. Laut Olgas Theorie kann nämlich jede Frau, ganz egal, wo und wann sie auf die Welt gekommen ist, eine russische Frau werden. Sie

41

verglich in ihrem Werk die russische Frau mit einer Libelle, die unsere Welt schöner und erträglicher macht, doch sie tut es leise, ohne zu summen und zu brummen. Dabei gibt sich diese Libelle unglaublich viel Mühe, um leichtsinnig und schick auszusehen. In ihrem Buch schrieb Olga ein Kapitel über »Das äußere Erscheinungsbild als Spiegel der Seele«. Darin heißt es:

Eine russische Frau fühlt sich ständig beobachtet, ohne Make-up und ohne Schmuck geht sie nicht aus dem Haus. Sogar die Ehemänner der russischen Frauen wissen nach dreißig Jahren Ehe oft nicht, wie ihre Frauen ohne Make-up und Schmuck aussehen. Wenn eine solche Frau im Meer baden will, darf sie nicht einfach ins Wasser springen, sondern muss sehr vorsichtig und langsam hineingehen. Im Wasser kann man die russischen Frauen leicht am hoch herausragenden Kopf erkennen sowie an einem großen Collier am Hals, das jede andere Frau längst in die Tiefe gezogen hätte.

Ich musste sehr darüber lachen. Denn Olga trägt selbst keine schweren Ketten am Hals, auch mit ihrem Make-up und ihren sonstigen Vorlieben für Schmuck ist sie sehr dezent. Aber sie schätzt Ohrringe. Ihre Lieblingsstücke, zwei vergoldete Libellen, bekam sie als Kind von ihrer Mutter geschenkt. In der Sowjetunion waren sie von hohem Wert. Damals war jedes Schmuckstück eine seltene, begehrte Kostbarkeit. Wenn irgendetwas aus Gold in einem Juweliergeschäft auftauchte, bildeten sich vor der Tür des Ladens sofort lange Schlangen.

Auf Sachalin verdienten Geologen und Bohringenieure mit ihrer Schlechtwetterzulage mehr Geld als auf dem Festland, hatten aber wegen der mangelhaften Versorgung noch weniger Möglichkeiten, es auszugeben. Das machte sie zu den begehrtesten und großzügigsten Touristen in Russland. Wenn sie in Urlaub fuhren oder dienstlich unterwegs waren, ließen sie überall auf dem Festland die Puppen tanzen. Im Normalfall fuhren Familien zusammen in die Ferien, denn die Sachaliner Frauen sahen es nicht gern, wenn ihre Ehemänner mit Taschen voller Geld allein auf dem Festland verkehrten. Wie leicht konnten sie einem hinterhältigen Festlandweib zum Opfer fallen. Auf der Insel hatten die Frauen ihre Männer gut unter Kontrolle, alle kannten sich, und sämtliche krummen Wege, die ein Familienoberhaupt an seiner Haustür vorbeiführen konnten, endeten in der Taiga. Dort konnten sie am Wochenende jagen oder saufen gehen. Auf dem Festland dagegen wimmelte es nur so von Diskotheken, Restaurants und anderen Verführungsorten. Es kam immer wieder vor, dass Ehemänner für drei Tage auf Dienstreise gingen und erst nach einem Monat zurückkamen, müde, nachdenklich, vom Festland ausgesaugt und mit leeren Taschen.

Einmal kam der Mann der Schwester von Olgas Mutter von einer Dienstreise mit zweitägiger Verspätung zurück. Ein Skandal. Sie wollte ihm erst gar nicht die Tür aufmachen.

»Schau, Raissa«, sagte er durch die Tür, »was ich dir mitgebracht habe.«

Er holte ein Paar Ohrringe, wie sie niemand auf der Insel hatte, aus der Tasche. Es waren zwei vergoldete Libellen mit zweifarbigen Augen: Das eine war aus Alexandrit und das andere aus Lasurit. Die Ohrringe waren wunderschön. Doch die Frau hatte Charakter.

»Geh zum Teufel mit deinem Gold«, meinte sie und schmiss ihm die Ohrringe ins Gesicht. Sie stritten die halbe Nacht. Die Wände waren aus Pappe, das ganze Haus hörte mit. Verloren und verstimmt ging der Mann am frühen Morgen zu den Nachbarn eine rauchen.

»Tatjana«, sagte er zur Mutter von Olga, »ich möchte dir diese verdammten Ohrringe schenken. Nimm sie bitte von ganzem Herzen, sonst schmeiße ich sie in den Müll.«

»Du hast die Tür verwechselt«, sagte Tatjana. »Du wolltest sie bestimmt deiner Frau schenken.«

»Das wollte ich sehr wohl, aber sie will sie nicht haben. Nimm also die verdammten Ohrringe, sonst fliegen sie aus dem Fenster«, wütete der verdroschene Ehemann.

Das Gold wegzuschmeißen kam nicht in Frage. Olgas Mutter nahm die Ohrringe und wollte sie später, wenn sich die Wogen bei ihren Nachbarn geglättet hatten, ihrer Schwester geben. Die wollte aber die Ohrringe nicht sehen. Sie erinnerten sie an den Ausfall ihres Mannes. Es war eine Pattsituation. Beide Schwestern konnten mit den wunderschönen Libellen nichts anfangen. Raissa nicht, weil sie ihrem Mann zeigen wollte, dass Liebe nicht zu kaufen war. Tatjana auch nicht, weil die Ohrringe nicht für sie bestimmt waren. Bei einer internen Schwesternversammlung beschlossen sie, die Ohrringe Olga zu schenken. Sie war gerade zehn Jahre alt geworden, genau das richtige Alter, um sich für Schmuck zu interessieren. Die Libellen beeindruckten sie sehr. Es gab nur ein Problem. Die Zehnjährige hatte keine Löcher in den Ohren.

Die planwirtschaftlich organisierte Sowjetunion beanspruchte, alle Bedürfnisse ihrer Bürger zu kontrollieren und zu kennen, doch fürs Ohrenstechen war keine Behörde zuständig. Die Bürger waren in dieser Sache auf sich selbst angewiesen. Auf Sachalin machte man das in der Bibliothek. Eine alte, halb blinde Inselbibliothekarin hatte den Ruf, meisterhaft Ohrlöcher stechen zu können. Tatjana ging also mit ihrer Tochter in die Bibliothek. Die Bibliothekarin holte eine lange Nadel und quälte das Kind eine halbe Stunde lang. Sie stach zu tief oder daneben, es tat tierisch weh. Einmal stach die Bibliothekarin dem Kind sogar in den Hals. Aber das Kind blieb still, denn Libellen brummen nicht.

»Was ist los mit dir?«, fragte Tatjana die Bibliothekarin.

»Meine Brille ist gestern kaputtgegangen, ich sehe nichts, ich habe ganz schlechte Augen«, klagte die Bibliothekarin.

Eine neue Brille zu beschaffen war auf der Insel noch schwieriger, als Schmuck zu kaufen. Die Sache schien aussichtslos, Olga war den Tränen nahe, doch Libellen brummen nicht. Gemeinsam, mit sechs Händen, schafften sie es, ein Loch zu stechen. Mit einer Libelle am linken Ohr ging Olga am nächsten Morgen stolz in die Schule. Die zweite Libelle wurde in eine Brosche umgewandelt und an der Bluse getragen.

Mit der Zeit wurden diese Libellen zu einem gleichberechtigten Teil meiner Frau. Auch später, als sie sich längst beide Ohren hatte stechen lassen, trug sie oft nur eine Libelle – zur Erinnerung an die blinde Bibliothekarin, an die verschneite Insel und die eigene, schnell verflogene Kindheit.

Zum Studium ging sie mit der Libelle nach St. Petersburg. In schlechten Zeiten, wenn sie überhaupt kein Geld hatte, brachte Olga die Libelle ins Pfandhaus, kaufte sie aber nach einer Weile immer wieder frei. Sie trug die Libelle auch in Deutschland, als wir uns kennenlernten. Als sich unsere Tochter in der Pubertät mit professioneller Hilfe schnell und schmerzfrei Ohrenlöcher stechen ließ, bekam sie von ihrer Mutter die Libellen zum Geburtstag geschenkt. Meine Tochter hatte den wissenschaftlichen Aufsatz ihrer Mutter über russische Frauen sehr aufmerksam studiert und gab auf jeder Party damit an, eine echte russische Frau zu sein. Jede Kritik konnte sie mit dem Argument abwehren, russische Frauen machten das eben so.

Meine Tochter studiert mittlerweile »Europäische Ethnologie« und betreibt dazu Feldforschung in den entlegensten Ecken Europas. In Rumänien freundete sie sich mit Romakindern an, in Albanien wurde sie von hungrigen wilden Hunden verfolgt, in Bosnien aß sie einen geräucherten Schafskopf mit Glasaugen, und mit einem kleinen Boot ruderte sie um Montenegro herum. Russische Frauen machen das so. Sie sind weltoffen und angstfrei. Sie fliegen um die Welt, haben eine große Last zu tragen und brummen nicht.

Meine Frau hat ihre eigene Vorliebe für Schmuck inzwischen weiterentwickelt. Ob Ohrringe oder Broschen, sie mag alles mit Flügeln: Engel, Schmetterlinge, Flugzeuge. Ihr Buch über russische Frauen wollte kein deutscher Verlag drucken. »Zu ernst«, sagten die Verleger.

Meine Frau und die Pilze

Alle Völker haben ihre Marotten. Die Deutschen finden zum Beispiel Rhabarber lecker, sie kochen daraus Konfitüre. Finnen gehen, um zu schwitzen, in die Sauna wie zur Arbeit. Und Russen suchen so leidenschaftlich Pilze, als wären sie aus Gold. Sie können Wochen im Wald verbringen. Alle Russen, die ich kenne, sind in Pilze vernarrt. Doch eine solch fanatische Waldgängerin wie meine Frau muss man auch in Russland lange suchen.

Gleich im August beginnt bei ihr das Pilzfieber und damit ein aktiver Informationsaustausch mit in Berlin ansässigen Landsleuten, wer wo und wann zuletzt in Brandenburg welche Pilze gesehen hat. Wenn die Pilzsaison dann da ist, geht Olga jeden Tag auf Jagd. Sie steht früh auf, fährt weit, läuft lange und bückt sich tief vor jedem Baum. Ich glaube, sie hat noch keine einzige Pilzsaison in ihrem Leben verpasst. Bereits als Kind hat sie auf Sachalin Pilze gesammelt, später in den baltischen Wäldern, weil sie lange in Lettland lebte. Ebenso wurde die Umgebung von St. Petersburg, wo sie studierte, regelmäßig nach Pilzen durchsucht. Am schönsten aber waren die Pilze auf Sachalin, meint Olga. Sie waren auch die größten. Manche konnte man nur zu zweit aus der Erde ziehen, und unter anderen konnte man sogar bei Regen Unterschlupf finden.

Die Sachaliner Pilze sind meiner Frau als wahres Wunder der Natur in Erinnerung geblieben. Meine Erfahrung ist jedoch, dass einem immer die Pilze am größten vorkommen, die man als Kind gesammelt hat. Kinder finden Pilze auch leichter als Erwachsene. Je älter der Pilzsammler wird, umso kleiner werden die Pilze in seinem Korb, und sie verstecken sich auch immer aufwändiger. Russische Pilze sind besonders hinterhältig und viel launischer und anarchischer als ihre deutschen Artgenossen. Sie wachsen überall, nur nicht dort, wo sie eigentlich sollten. Die russischen Birkenpilze wachsen zum Beispiel nicht unter Birken, Steinpilze ignorieren Steine, Maronen und Butterpilze sind an den unwahrscheinlichsten Orten anzutreffen: neben Zuggleisen, in Baugruben, unter umgefallenen Bäumen. Deutsche Pilze sind erheblich besser organisiert. In einem guten Pilzjahr kommen sie pünktlich zum Termin aus der Erde und sind in der Regel dort anzutreffen, wo man sie auch vermutet.

Während der Saison kommt meine Frau jeden Tag mit einem vollen Korb aus dem Wald zurück, breitet die von ihr erlegten Pilze auf dem Küchentisch aus, fotografiert sie, postet die Fotos auf Facebook und tauscht sich über ihre Erfolge mit den anderen Freundinnen aus, die gleichzeitig mit ihr im Wald auf Pilzsuche waren. Im Herbst quillt das russische Internet über vor lauter Pilzfotos. Sogar die Kätzchenbilder verschwinden, sie müssen den Pilzen Platz machen. Wenn die Fotos gepostet und die Meinungen ausgetauscht sind, verliert Olga jegliches Interesse an ihrer Beute. Die Pilze liegen auf dem Tisch, die Frau ist erschöpft, müde und hat keine Lust mehr aufs Kochen. Die Tatsache, dass man Pilze nach dem Sammeln möglichst schnell säubern, in Stücke schneiden, mit heißem Wasser begießen und in einer speziellen, ohne Essig angefertigten Marinade einlegen muss, empfindet sie als Zumutung. Eine schwere Arbeit, die keinen Spaß macht. Pilze essen mag meine Frau erst recht nicht. Am nächsten Tag rennt sie jedoch wieder in den Wald und kommt erschöpft zurück.

Schon länger habe ich die Idee, bei uns im Garten eine Pilzplantage anzulegen. Dann würden die Pilze direkt vor unserer Nase wachsen, und Olga hätte keine langen Wege mehr zu ihrem Glück. Sie könnte nach Laune und Lust, immer in Sichtweite, sammeln. Doch wilde Waldpilze wachsen nicht gerne im Garten, sie lassen sich ihr Zuhause von niemandem vorschreiben. Und Champignons hält meine Frau nicht für richtige Pilze. Olga nennt sie verächtlich »Gemüse«, sie sind ihr nicht pilzig genug. Lieber würde sie »Zigeunerpuder« sammeln als Champignons, meint sie. »Zigeunerpuder«, das sind ebenfalls runde weiße Pilze, die eine kleine weiße Sporenwolke aus ihrem Inneren auspusten, wenn man sie berührt, und sie wachsen gerne in Gartenanlagen. Trotz ihres merkwürdigen Aussehens gelten sie in Russland als essbar, man muss sie bloß etwas länger kochen.

Deutsche würden vermutlich lieber ihren Korb und Pilzstock

aufessen, als diese »Zigeunerpuder« auch nur anzufassen. Überhaupt halten Russen viel mehr Pilze für gut, als es die Deutschen tun. Meine Landsleute essen merkwürdig aussehende Rothaarpilze, die gar nicht als Pilze erkennbaren Smorchki, die Rotpilze, die Krümmelinge und die Wolnuschkas, was auf Deutsch so viel wie »Aufregungspilze« bedeutet. Ob es an der russischen Leichtgläubigkeit liegt, am guten Willen, im Einklang mit der Natur zu leben, mit einem tiefen Vertrauen in die guten Absichten des Schöpfers? Der Gerechtigkeit halber muss allerdings erwähnt werden, dass sich Russen auch öfter mit Pilzen vergiften. Die meisten Brandenburger halten nur Pfifferlinge und Steinpilze für richtig essbar. Dutzende von Pilzsorten, die meine Landsleute gerne essen, nehmen sie gar nicht wahr. Russen finden dagegen jedes Jahr eine neue, noch würzigere Sorte. Sie experimentieren gerne, probieren alles, und wenn sie Zweifel haben, fügen sie beim Marinieren mehr Knoblauch hinzu. Das hilft.

Ich selbst bin leider viel zu selten im Wald, ich habe keine Zeit. Im Herbst kommen die interessantesten Einladungen zu Lesungen und Festivals aus Deutschland und dem Ausland. Einmal wurde ich zur finnischen Buchmesse nach Turku eingeladen, um dort für ein solidarisches Europa und die Völkerverständigung zu werben. Ich sollte außerdem eine Russendisko in Turku veranstalten, um den Finnen die deutsche Kultur näherzubringen.

»Liebling, lass uns zusammen nach Finnland fahren«, sagte ich zu meiner Frau.

»Bist du verrückt?«, erwiderte sie. »Ende September ist Pilzhochsaison, da kann ich nirgendwo mit dir hingehen. Ich muss in den Wald.«

Meine Frau war fest entschlossen, alle Pilze Brandenburgs nach Hause zu schleppen, und keine Völkerverständigung, kein solidarisches Europa konnte sie davon abhalten. Ich fuhr allein nach Turku. Von der Fläche ist Finnland größer als Deutschland, hat aber nur fünf Millionen Einwohner. Die fühlen sich oft allein und dem großen bärigen Nachbarn Russland ausgeliefert. In keinem anderen Land habe ich so viele zweideutige Sprichwörter über Russen gehört wie hier.

»Der Russe bleibt Russe, selbst wenn man ihn mit Butter brät«, sagen die Finnen zum Beispiel.

»Wie ist das zu verstehen?«, fragte ich. »Sind Russen zu hart oder zu bitter? Vielleicht zu süß?«

Meine finnischen Freunde schwiegen sich höflich aus. Ich glaube, wie überall auf der Welt wird der Russe in Finnland missverstanden. Auch seine Vorliebe für Pilze konnten die Finnen lange nicht verstehen. Dabei hat Russland angeblich nur der Pilze wegen Finnland den Krieg erklärt und Karelien besetzt, eine Gegend, die für gute Birken- und Butterpilze berühmt war. Die Westfinnen sammelten vor dem Krieg keine Pilze. Erst nachdem sie Karelien an die Russen verloren hatten und viele Ostfinnen sich als Kriegsflüchtlinge unter sie mischten, wurden die Westfinnen von ihrer Pilzsucht angesteckt.

Seit dem Krieg gehen auch Finnen Pilze suchen wie verrückt. In Turku verkehrte ich vorwiegend in diplomatischen Kreisen.

Ich traf mich mit der deutschen Botschafterin und wurde zum Empfang in die Sommerresidenz des finnischen Präsidenten eingeladen. Direkt vor dem Eingang in seine Residenz hatte der finnische Präsident eine Menge Pfifferlinge neben einer Eiche stehen.

»Wie sind die denn da hingekommen?«, fragte ich ihn.

»Das geht ganz einfach«, erzählte mir der Präsident. »Du musst fünf alte Pfifferlinge durch den Fleischwolf drehen, sie nass machen und zwischen die Seiten einer Zeitung packen. Die Zeitung gräbst du im Garten ein, am besten neben einem Nadelbaum, es sollte kein Obstbaum sein. Nach einiger Zeit kommen frische Pfifferlinge aus der Erde. Wenn es nicht klappt, probier es einfach nächstes Jahr wieder«, meinte er.

»Welche Zeitung soll ich nehmen?«, fragte ich.

Der Präsident schaute mich etwas verwundert an. Ich gebe zu, die Frage war idiotisch, aber ich wollte eben alles genau wissen. Er habe es mit einer finnischen Zeitung gemacht, in meinem Fall würde er aber eine russische empfehlen, allerdings nicht die *Prawda*, meinte der finnische Präsident. Denn die *Prawda* hat die Wahrheit immer verdreht, aus einer solchen Zeitung könnten nur Giftpilze wachsen.

Russische Machthaber erzählen gerne, dass es überall auf der Welt zum politischen Geschäft gehöre, Halbwahrheiten und Unwahrheiten zu verbreiten. In der Verlogenheit des Westens hoffen sie, Absolution für ihre eigenen Sünden zu finden. So erklärte ich dem finnischen Präsidenten die russische Politik.

»Lügen tun doch alle oder?«

»Nein«, meinte der Finne, »nur unwürdige Politiker, die sich selbst für nichts zu schade sind, lügen.« Er würde zum Beispiel immer die Wahrheit bevorzugen, sagte er mir auf dem Weg.

Zurück in Deutschland kaufte ich mir auf dem Berliner Flughafen eine deutsch-russische Zeitung. Es gibt inzwischen mindestens zwei Dutzend solcher Blätter. Manche tragen merkwürdige Namen *Wort und Tat, Mensch und Gesetz* oder *Russen unterwegs.* Darin ist viel Werbung und wenig Text: Kreuzworträtsel, Silbenrätsel, Karten für Pilzsammler. Die meisten Anzeigen in den russischen Blättern machen Werbung für den Idiotentest – »Schnell, unproblematisch, in Ihrer Muttersprache« –, weil Russen gerne schnell fahren und daher ihren Führerschein noch einmal machen müssen. Außerdem gibt es viele Angebote von Wahrsagern und Handlesern, weil Russen sich für ihre Zukunft nicht selbst zuständig fühlen. Sie halten die Welt für vorherbestimmt und geben die Verantwortung dafür gerne an Wahrsager weiter.

Eine solche typisch russische Zeitung wollte ich zum Pilzezüchten benutzen. Zu Hause lagen Maronen auf dem Tisch, manche richtig groß und sicher mehrere Jahre alt. Meine Frau erholte sich gerade von einer erfolgreichen Jagd. Ich nahm zwei große Pilze, zermalmte sie, legte den Pilzstaub in die Russenzeitung und vergrub sie im Garten an einer unscheinbaren Stelle, wo sie der Hund des Nachbarn nicht finden konnte. Nächstes Jahr werde ich sehen, ob der finnische Präsident tatsächlich immer die Wahrheit sagt.

Der grüne Daumen meiner Frau

Meine Frau hat einen »grünen Daumen«, wie die Deutschen sagen. Das heißt, alles, was sie begießt, wächst und gedeiht. Die Pflanzen wissen von ihrem Daumen und versuchen daher, in ihre Nähe zu kommen. Es ist schon mehrmals vorgekommen, dass Olga die Kerne einer gerade aus der Kaufhalle gebrachten exotischen Frucht in die Erde steckte und wenig später an dieser Stelle eine zarte Pflanze spross. Es war nicht die exotische Pflanze, die wir erwartet hatten, aber immerhin ein neues grünes Leben.

Die Natur hat einen ausgeprägten Sinn für Humor, auch in unserem Brandenburger Garten spielt sie mit Olga ein lustiges Verwirrspiel. Pflanzt meine Frau gelbe Blümchen, kommen rote heraus; kümmert sie sich um eine zarte Rose, zieht neben dieser als ungebetener Gast ein Stechapfel ein; zieht sie den Stechapfel heraus und sät dort einen »Blumenteppich« von Lidl für 3 Euro 99, finden sich mitten im Blumenteppich plötzlich Brennnesseln – kostenlos. Oft verliebt sich meine Frau in das Unkraut und lässt Pflanzen stehen, deren Namen sie nicht einmal kennt, obwohl sie mehr Pflanzen als Menschen beim Namen nennen kann. Die Beete meiner Frau sind eine wilde Mischung aus Natur und Kultur, aus der ordentlichen Welt, wie sie in unserer Vorstellung sein soll, und der unordentlichen, wie sie ist.

Es ist eine schöne Sache, einen grünen Daumen zu haben. Wir sind in Berlin oft umgezogen, und an jedem neuen Wohnort ging meine Frau als Erstes Blumentöpfe und Erde einkaufen. Die mitgebrachten Pflanzen bekamen auch früher als jedes andere Familienmitglied ihren Platz in der Wohnung zugewiesen. In jedem Haus, in jeder Wohnung gediehen Olgas Blumen und Sträucher auf dem Fensterbrett, dem Balkon, in der Küche, im Korridor auf dem Boden und neben dem Müllplatz auf dem Hof. Sie düngte und goss ihre Pflanzen und verwöhnte sie nach dem altbewährten Rezept ihrer Mutter mit Musik: Gemüse mit Schubert, Blumen mit französischen Chansons.

Viele Freundinnen von Olga, die ebenfalls grüne Daumen haben wollen, fragen sie nach ihrem Geheimnis. Sie schüttelt nur den Kopf. Es gibt kein Geheimnis. Es gibt nur die bedingungslose Liebe, die meine Frau für ihre Pflanzen empfindet. Olga hat von ihnen nie irgendwelche besonderen Leistungen erwartet. Weder will sie viele Früchte ernten noch besonders schöne Blumen haben. Sie liebt Pflanzen so, wie sie sind, und die Pflanzen zahlen es ihr mit der gleichen Liebesmünze zurück. Sie wachsen und gedeihen in jeder Ecke, die Olga für sie findet: im Dunkeln, im Schatten, in der prallen Sonne und im Wind, auf dem Kühlschrank in der Küche, neben dem Aschenbecher auf dem Balkon und im Sandboden Brandenburgs. Dort kann Olga in unserem Garten stundenlang mit einem Wasserschlauch von Strauch zu Strauch laufen und gießen. Dabei vergisst sie oft zu kochen oder zu essen.

Ich kann mir ihre übertriebene Liebe zu Pflanzen nur durch ihre pflanzenlose Kindheit erklären. Meine Frau wurde im äußersten Norden der Insel Sachalin geboren. Dieses Inselleben hatte Vor- und Nachteile. Die Kinder konnten dort beinahe das ganze Jahr über Schlittschuh laufen und roten Kaviar mit großen Löffeln essen, aber Blumen gab es keine. Die einzigen Blumen, die man auf Sachalin finden konnte, waren die kleinen weißen Lilien, die am felsigen Ufer des Ochotskischen Meeres im kurzen Sommer anzutreffen waren. Klein und schwächlich zitterten sie im Wind wie uneheliche Kinder der kargen Landschaft.

Die Menschen auf Sachalin, ob zugezogene Geologen oder heimische Fischer, benötigten Blumen eigentlich nur zu besonderen Anlässen: zu Hochzeiten und Begräbnissen. Zu einem solchen Anlass musste ein Strauß gekauft werden. Das Blumenbesorgen dauerte einen ganzen Tag und kostete eine Unmenge Geld. Man musste in die Hauptstadt der Insel fahren und dort im Gewächshaus Schlange stehen, um für unverschämtes Geld Callas oder Gladiolen zu holen. Die Callas waren für Begräbnisse, die Gladiolen für Hochzeiten bestimmt. Niemand wäre dort auf die Idee gekommen, jemandem einfach so, ohne besonderen Anlass Blumen zu schenken. Schließlich konnte man für dasselbe Geld einen halben Eimer guten Kaviar kaufen. Die Heiratenden und Sterbenden hatten bestimmt ein schlechtes Gewissen, dass sie ihre Freunde und Verwandten wegen einer solchen Nichtig-

keit auf die abenteuerliche Reise in die Hauptstadt schickten –
wegen Blumen. Vielleicht versuchten die Menschen auf Sachalin
deswegen, so selten wie möglich zu heiraten und nach Möglichkeit auch nicht zu sterben.

Einmal im Jahr fuhr Olga als Kind aufs Festland in die Ferien.
Von dort brachte sie jedes Mal Pflanzen aus dem Süden mit nach
Hause und versuchte, sie in der Sachaliner Wohnung am Leben
zu erhalten. Doch alles Leben, das sie aus dem Süden brachte,
ging ein. Draußen auf dem Balkon war es für die Pflanzen zu
kalt, drinnen in der Küche zu warm. Es gab keine Bienen und
Hummeln auf Sachalin, nur Mücken und Fliegen. Die Pflanzen
konnten sich nicht vermehren. Meine Frau verließ die Insel, als
sie sechzehn wurde, doch die Tradition, von jeder Reise Pflanzen
mitzubringen, behielt sie bis heute bei.

Wir fahren in der letzten Zeit viel durch die Welt, und ich
werde auch immer wieder zu Symposien oder Kongressen, die
nicht direkt mit Literatur zu tun haben, ins Ausland eingeladen.
Für solche Anlässe schreibe ich Vorträge mit lustigen Titeln wie
»Russland, was tun?« oder »Was hat Putin vor?«. Und für besonders langweilige Auftritte: »Die Gestaltung der bilateralen Beziehungen zu den Staaten des ehemaligen Ostblocks«. Meine
Frau begleitet mich auf diesen Reisen, obwohl sie sich für die
Gestaltung der bilateralen Beziehungen überhaupt nicht interessiert. Ihre ganze Zeit und Aufmerksamkeit gilt der Gestaltung
unseres Gartens. Sollte es eine Medaille für die Neubepflanzung
Brandenburgs geben, so wäre meine Frau für diese Auszeich-

nung die richtige Kandidatin. Sie bringt Pflanzen aus aller Welt nach Brandenburg.

In Brasilien ist sie während meines Vortrages in den Dschungel gegangen, um Affen zu füttern. Die Affen waren klein, frech und hungrig, sie fraßen ihr aus der Hand. Wenn sie merkten, dass es nichts mehr zu holen gab, kletterten sie an den Bäumen hoch, ohne auf Wiedersehen zu sagen. Beim Klettern benutzten sie eine parasitäre Pflanze, eine Art Liane, die alle Bäume in diesem Dschungel befallen hatte. Die Einheimischen nannten sie »Affengras« und erklärten, wo sie wachse, siedelten sich Affen an. Olga knickte ein Stück von der Liane ab, legte sie im Hotel ins Wasser, wickelte sie für die Heimreise in feuchte Tücher, packte sie in den Koffer und pflanzte sie, allerdings ohne große Hoffnung, in unserem Garten in Brandenburg ein. Das brasilianische Affengras hat sich erstaunlich schnell der neuen Wetterlage angepasst und sich über alle Zäune des Dorfes hinweg verbreitet. Meine Nachbarn, Helmut und Else, halten die Pflanze ebenfalls für eine Bereicherung ihres Gartens. Nun warten wir, wann die Affen kommen.

In Japan wiederum hatte ich an einer Uni an einem Seminar zum Thema »Multikulturalität in der deutschen Gegenwartsliteratur« teilgenommen. Und Olga beschloss, ihrerseits etwas für die Multikulturalität in der deutschen Pflanzenwelt zu tun. Sie besuchte während meiner Vorlesung den Universitätsgarten, wo kleine japanische Kaninchen auf der Wiese herumsprangen und alle Pflanzen mit Schildchen versehen waren, auf denen mit japanischen Schriftzeichen ihre Namen standen. Meine Frau schaute nach links und rechts, um sich zu vergewissern, dass niemand sie sah, und zog eine japanische, dem Sanddorn ähnliche Beere, die das schönste Schriftzeichen hatte, aus dem Beet. Die Beere wickelte sie wie gewohnt in feuchte Tücher, brachte sie nach Brandenburg und pflanzte sie neben unserem einheimischen Sanddorn ein. Der Unsrige war ein alleinstehendes Männchen, litt unter Einsamkeit und sprang beinahe aus dem Beet vor Freude, als er die asiatische Freundin sah. Wir glauben, sie sind jetzt ein Paar.

Manche Pflanzeneroberungen meiner Frau hatten allerdings schwerwiegende politische Folgen. Einmal wurde ich mit Begleitung zu einem feierlichen Abendessen zu Ehren des russischen Präsidenten Dimitri Medwedew ins Schloss Bellevue eingeladen. Obwohl alle Welt damals wusste, dass Medwedew kein richtiger Präsident war, sondern nur ein Stuhlwarmhalter für Putin, taten die höflichen deutschen Gastgeber so, als wäre er wirklich Präsident. Sie deckten Tische ein, kochten etwas Schönes, servierten gute Pfälzer Weine und stellten eine Tribüne auf, damit der russische »Präsident« eine für ihn geschriebene Rede halten konnte.

Olga und ich bekamen Plätze am Tisch mit den Protokollgenossen aus Medwedews Begleitung. Sie aßen nichts und waren schlecht gelaunt. Die Fußbank, auf die sich Medwedew immer stellte, wenn er eine Rede halten musste, sei verschwunden, erzählten sie uns. Er war nämlich noch kleiner als Putin, und ohne die Bank schwebte sein Kopf deutlich unterhalb des Mikrofons, was nicht sehr staatstragend aussah. Die für das Mitbringen der

Fußbank zuständige Mitarbeiterin war am Rande des Nervenzusammenbruchs, und meine Frau beschloss kurzerhand, ihr zu helfen. Schon vor dem Empfang hatte sie unten im Erdgeschoss, im Vorraum der Frauentoilette, eine wunderschöne Dahlie in einem quadratischen, praktischen Topf gesehen. Der Plan meiner Frau war einfach: Sie würden zusammen auf die Toilette gehen, unauffällig die Dahlie aus dem Topf ziehen und die Erde ins Klo spülen. Olga bekäme die Pflanze, und der Topf könnte als Fußbank für den Präsidenten dienen.

»Der Mann wiegt ja praktisch nichts, die Keramik wird halten«, meinte Olga.

Russische Frauen muss man zu Heldentaten nicht lange überreden. Zu zweit gingen sie nach unten und nahmen den Blumentopf auseinander. Doch dann schreckte die Frau vom russischen Protokoll im letzten Moment doch davor zurück, dem Präsidenten den Topf unterzustellen.

»Was ist, wenn er ausrutscht?«, fragte sie.

Also musste Medwedew auf Zehenspitzen über die deutsch-russischen Beziehungen berichten. Das machte ihm sichtlich keinen Spaß und war wahrscheinlich für seine Entscheidung ausschlaggebend, das hohe Amt vorzeitig zu Gunsten seines Chefs aufzugeben.

Die Dahlie hat es in Olgas Tasche bis nach Brandenburg geschafft und in unserem Garten einen Ehrenplatz bekommen. Sie trägt den Spitznamen »Präsidentenblume«.

Seit dieser Einpflanzung bekommen wir allerdings keine

Einladungen mehr aus dem Schloss Bellevue. Bestimmt haben die bundesdeutschen Sicherheitsdienste Videoaufnahmen von der Damentoilette ausgewertet, und die Bundesgärtner vermissten ihre Dahlie.

Nur einmal sind Olgas Bestrebungen, die Pflanzenwelt Brandenburgs zu bereichern, gründlich danebengegangen. Im Russischen Haus in der Berliner Friedrichstraße fand ein Symposium über russisch-deutsche Beziehungen statt. Zu diesem Zeitpunkt waren die Russen bereits auf der Krim einmarschiert und hatten den Krieg in der Ostukraine angezettelt. Die europäische Öffentlichkeit ärgerte sich sehr über die Russen, und die Gespräche zwischen den Politikern Russlands und Europas wurden immer schwieriger. Also versuchte man, stattdessen die Kulturleute miteinander reden zu lassen. Ich saß auf dem Podium in einer großen Runde, bestehend aus Verlegern, Künstlern und Journalisten, die alle so taten, als wäre die Welt noch in Ordnung und als existierten jene Leute, die dieser Welt eine Zündschnur in den Hintern zu stecken versuchten, gar nicht.

Meiner Frau war inzwischen der schöne Efeu aufgefallen, der an einer für diese Pflanze aufgestellten Kletterwand gegenüber der Bühne wuchs. Auch ich hatte ihn von der Bühne bereits bemerkt und wurde nervös.

»Hör bitte auf. Lass den Efeu in Ruhe«, sagte ich ihr in der Pause.

Doch wenn sie sich einmal etwas in den Kopf gesetzt hat, kann Olga nicht mehr zurück.

»Schau doch, wie schön er klettert«, flüsterte sie mir ins Ohr. »Bei mir klettert Efeu nie so mutig. Ich brauche diese Sorte unbedingt!«, meinte sie.

Während der nächste Redner auf der Bühne zum Kampf für Weltfrieden und Völkerverständigung aufrief, versuchte meine Frau manisch, einen Efeuzweig abzubrechen. Vergeblich. Olga gab aber nicht auf. Sie zog und zog, doch er wollte einfach nicht abgehen. Der Redner gab dem amerikanischen Imperialismus an allem die Schuld. Olga verlor die Geduld und riss kräftig an den Blättern. Die Kletterwand samt Efeu knallte auf den Boden.

Die schöne Pflanze war aus Plastik, aber sehr überzeugend gemacht.

Eisige Stille breitete sich im Saal aus. Alle Augen waren auf Olga gerichtet, die mit einem Plastikefeu in der Hand mutig der Welt entgegenblickte, und kein amerikanischer Imperialismus, keine Diktatur und keine Demokratie konnten sie von ihrer Lebensaufgabe ablenken: der Neubepflanzung Brandenburgs.

Der Redner hustete höflich und beschloss, so zu tun, als wäre nichts gewesen. Er redete weiter.

Meine Frau und das Stricken

Meine Tochter, ein Kind des neuen Jahrtausends, ist krass feministisch aufgewachsen. Sie nennt die Männer »Typen« und findet sie alle blöd, dumm und unreif. Irgendeine Art der Gleichberechtigung kommt für sie nicht infrage. Meine Tochter weiß, Deutschland muss dauerhaft von Frauen regiert werden, weil »Typen« viel mehr als Frauen von ihrer Sexualität geleitet werden. Sie stehen ständig unter Strom und handeln von daher unüberlegt. Die archaische Reduzierung der Frauenrolle auf Familie, Küche und Kinder hält meine Tochter für eine lächerliche mittelalterliche Marotte. Das Einzige, was sie an diesem Frauenbild gut findet, ist das Stricken. Oft hat sie keine Lust auszugehen, die idiotischen »Typen« rufen auch nicht an, dann sitzt sie mit ihrer Mutter vor dem Fernseher und strickt. Olga hat es ihr beigebracht. Irgendwelches Strickzeug liegt bei uns überall in der Wohnung, mehrmals habe ich mich schon aus Versehen darauf gesetzt, zur Empörung der beiden Frauen. Ich würde ihnen die Maschen kaputt machen, ärgern sie sich.

Im Winter und im Spätherbst, wenn es draußen kälter wird, sitzen die beiden beinahe täglich vor dem Fernseher und zählen Maschen. Reihe für Reihe, Stunde für Stunde, Tag für Tag. In all den Jahren ist es mir nicht gelungen herauszufinden, was genau sie stricken. Der Weg ist das Ziel. Ich glaube, am Anfang sollte es bei meiner Frau bloß eine Socke sein. Mit der Zeit wurde aus der Socke ein Schal, aus dem Schal eine Strickjacke, aus der Strickjacke eine Decke. Die Decke hat inzwischen das Ausmaß eines Teppichs, bald werden wir das ganze Haus darin einwickeln können. Meine Tochter hat ihre Kunst nicht mit Socken begonnen, sie fing gleich mit einem Teppich an.

Ein Freund von mir, der sich für einen großen Frauenversteher hält, meint, das weibliche Verlangen nach Stricken sei Ausdruck des berühmten Beschützerinstinkts. Die Frau, früher Hüterin des Herdfeuers, würde auch heute noch den Drang verspüren, alles und jeden zu schützen, zu decken, zu verstecken und einzuhüllen. Deswegen werde das Stricken von der Mutter auf die Tochter und von der auf die Enkeltochter vererbt.

Ich halte nichts von dieser Theorie. Wie jede Verallgemeinerung scheitert auch sie an konkreten Beispielen aus dem Leben. Meine Schwiegermutter strickt nämlich gar nicht. Sie hat nie den Drang verspürt, jemanden einzuhüllen. Das Stricken hat meine Frau nicht von ihrer Mutter, sondern von ihrem Vater gelernt. Ihr Vater, ein leidenschaftlicher Jäger und Angler, hat auf der Insel Sachalin seine Fischnetze selbst geflochten und dann seine Tochter in diese spannende Freizeitbeschäftigung mit einbezogen. Aus dem Wald brachte er stark behaarte Tiere mit, aus deren Fell er warme Handschuhe für sich und die Familie strickte. Die gestrickten Sachen retteten die Insulaner über die langen Winter.

Im Sozialismus war das Stricken sehr verbreitet, nicht nur unter Frauen. Der Staat kümmerte sich nur ungern um das Wohl seiner Bürger, ihm war es viel wichtiger, sich im Kalten Krieg gegenüber dem kapitalistischen Lager zu behaupten. Und das tat man nicht mit der Produktion von warmen Socken, sondern mit der Produktion von Raketen. Mit Socken würden sich die Bürger schon irgendwie selbst versorgen. Die sozialistische Planwirtschaft war mit der Produktion von Kleidung sowieso völlig überfordert. Der Vielfalt von Farben und Formen in der westlichen Mode, die unter dem Eisernen Vorhang zu uns durchsickerte, kam die Planwirtschaft nicht hinterher. Allein die Tatsache, dass alle sowjetischen Bürger verschiedene Körpergrößen hatten, machte die Wirtschaftsplanung verrückt. Kaum hatte sie zwanzig Millionen schwarze Socken der Größe 38 für die heranwachsende Jugend produziert, schon hatte die Hälfte von ihr Größe 39. Der Staat konnte uns also nicht mit Kleidung versorgen, deswegen strickten die Bürger selbst wie verrückt. Sie verkauften die Sachen, tauschten sie oder trugen sie selbst.

Die Nachbarin von Olga hatte einen großen Hund, den sie regelmäßig rasierte. Jedes Jahr ging die Nachbarin in einem neuen, aus Hundewolle gestrickten Mantel spazieren. Es gab schwarze Märkte, wo man die Wolle seltener Tierarten erwerben konnte. Das Stricken ging durch alle Schichten der Gesellschaft. Ingenieure und Bauarbeiter, Ärzte und Offiziere – alle konnten stricken. Um die Arbeitszeit möglichst sinnvoll zu nutzen, haben viele während der Arbeit gestrickt und mit ihren selbstgemachten Sachen angegeben. Selbst die Führung unseres Landes, unser Generalsekretär, trug in den Wintermonaten gestrickte Handschuhe und Schal – und bestimmt auch Wollsocken –, wenn er zu lange auf der Tribüne an der frischen Luft stehen musste. Bestimmt hatte er sie auf irgendeiner Sitzung des Politbüros selbst gestrickt.

Wenn alle sowjetischen Menschen sich als strickende Nation verabredet hätten, eine Decke für die ganze Welt anzufertigen, um sie vor allen Übeln des Kapitalismus zu schützen, ich wette, sie hätten es locker geschafft. Aber sie haben sich nicht verabredet. Jeder hat an seiner eigenen Socke gestrickt, die Menschen haben den Untergang ihres Imperiums nicht einmal richtig bemerkt, so beschäftigt waren sie.

Im Kapitalismus haben dann die meisten aufgehört zu stricken, man konnte sich auf einmal viel präziser ausbeuten lassen. Nur wenige Mutige hörten nicht auf damit, zum Beispiel meine Frau. Ihren Riesenteppich, an dem sie seit vielen Jahren arbeitet, betrachte ich als eine Art Flugteppich, der durch die Zeit fliegt. Wenn man sich auf den Teppich setzt, landet man für einige Zeit in meiner Strickheimat Sowjetunion. Und die Tochter strickt nun ihren eigenen fliegenden Teppich. Wohin er sie einmal tragen wird, kann man nur raten.

Der Gerechtigkeit halber muss an dieser Stelle gesagt werden, es gibt noch andere Länder, in denen das Stricken ein wichtiger Bestandteil der Politik ist. Während meines Besuchs in Finnland lernte ich die vormalige finnische Präsidentin kennen. Sie hatte meinen Schrebergartenroman gelesen und fragte, ob das mit dem Rhabarber tatsächlich stimme. Ich hatte in dem Buch meine Erfahrungen mit der deutschen Kleingartengesetzgebung geschildert und unter anderem über den Rhabarber geschrieben, den jeder in seinem Schrebergarten haben musste, um Punkte bei der Auswertung der Parzellenbewirtschaftung zu bekommen. Ich hatte damals tatsächlich Rhabarber geerntet und sogar Punkte von der Gartenprüfungskommission bekommen. Es waren leider nicht genug. Am Ende musste ich den Garten und den ganzen Rhabarber abgeben wegen der Probleme mit der spontanen Vegetation auf unserem Grundstück.

In meinem Buch schmähte ich den Rhabarber als furchtbar sauer und aus meiner Sicht zu nichts zu gebrauchen. Die Reaktion der Leser war überraschend. Als mein Gartenbuch erschien, wurde ich mit Postsendungen aus ganz Deutschland bombardiert. Menschen aus dem Allgäu, aus Sachsen und aus dem Rheinland schickten mir ihre selbstgemachte Rhabarberkonfitüre, um mich eines Besseren zu belehren. Die Gläser waren ordentlich verpackt und per Hand beschriftet. Manche Leser hatten die Etiketten für ihre Konfitüre auch auf dem Computer angefertigt und die Gläser mit lustigen Namen versehen. »Christines Vergnügen« hieß eine Marmelade, auf einem anderen Glas stand in Schönschrift: »Rhabarber. Das Leben ist kein Ponyhof«. Ich habe alle Einsendungen in den Keller getragen, und dort stehen sie noch immer, die Konfitüren aus allen Regionen des Landes.

»Vielleicht mache ich mal eine Rhabarber-Ausstellung unter

dem Motto ›Deutschland süßsauer‹«, erzählte ich der ehemaligen finnischen Präsidentin.

Daraufhin sagte sie, sie habe eine ähnliche Geschichte erlebt. In einem Interview, das sie einer finnischen Zeitung gleich nach ihrer Wahl gab, wurde sie gefragt, ob sie als Präsidentin noch genug Zeit für ihre Familie habe.

»Nun ja«, antwortete die Frau, »meine Tochter ist volljährig, mein Mann, hoffe ich, auch. Sie kommen gut zurecht, auch wenn ich kaum Zeit haben werde, jedes Jahr neue Wollsocken für sie zu stricken.«

Kaum wurde das Interview veröffentlicht, bekam die Präsidentin Post. Kiloweise Wollsocken aus ganz Finnland, in allen möglichen Farben und Größen. Die Bürger schrieben ihr: »Daran soll es nicht scheitern! Mach du deine Sache, wir stricken für dich! Wir schaffen das.«

»Lassen Sie uns tauschen, Herr Kaminer«, sagte die Expräsidentin. »Sie schicken mir, wenn Sie mögen, Ihre Rhabarberkonfitüre, und ich schicke Ihnen ein Paar Socken. Ich weiß sogar schon welche. Welche Größe haben Sie?«

»43«, sagte ich und überlegte, wie einfach die Welt zu retten wäre, wenn die Weltpolitik auf ähnliche Weise gemacht werden könnte: Socken gegen Konfitüre. Dann hätten wir niemals Krieg. Aber ich befürchte, die Welt ist nicht so einfach gestrickt.

Meine Frau und der Marder

Seit wir das Haus auf dem Land in Brandenburg gekauft haben, verbringen wir dort viele Abende am Feuer. Im Winter sitzen wir vor dem Kamin, im Sommer am Lagerfeuer auf dem Hof. Meine Lieblingsbeschäftigung auf dem Land ist es, die heißen, tanzenden Feuerzungen zu betrachten, während sie sich zu den kalten Sternen ausstrecken. Sie werfen unwirkliche Schatten und machen die Welt um uns herum geheimnisvoll. Plötzlich erscheinen am Himmel unbekannte Sternbilder, denen wir Namen geben. Ich habe das Bild des Wolfs und das Bild des Hasen am Himmel entdeckt. Bäume und Büsche um uns herum beginnen in diesem flackernden Licht zu leben und zu reden, als würde das Feuer allen Dingen eine Sprache verleihen.

Eines Nachts, wir saßen vor unserem Haus und zählten die Sternschnuppen, die uns ins Feuer fielen, sprach uns plötzlich das Auto meiner Frau an, ein alter Volkswagen. Man hörte deutlich, wie es mehrmals rülpste und zischte, als wollte es unsere Aufmerksamkeit erregen, um uns etwas Wichtiges mitzuteilen. Wir hörten lange zu. Vielleicht besitzt das Auto ein höheres Wissen, dachten wir. Ein Wissen, das für den weiteren Verlauf unseres Lebens ungeheuer wichtig sein könnte. Doch das Auto grunzte nur. Es war unheimlich. Meine Frau agiert immer sehr entschlossen, besonders dann, wenn sie Angst hat. Sie hasst Ungewissheit. Sie ging also zum Auto, schaute erst ins Innere, dann in den Kofferraum und machte schließlich die Motorhaube auf. Dort lagen überall Federn und Knochen. Es sah aus, als hätte man einen indianischen Häuptling in seinem traditionellen Gewand auf bestialische Weise umgebracht und bis auf ein paar Kleinigkeiten komplett aufgegessen. Der Mörder hatte zum Dessert auch noch an der Gummiabdeckung des Scheinwerfers genascht und war dann spurlos verschwunden.

Am nächsten Morgen fragten wir unseren Nachbarn, einen Menschen, der sich mit der Natur auskennt und weiß, wer oder was das gewesen sein könnte. Seine Antwort war unmissverständlich: Der Marder war der Mörder. Dagegen würden Gift oder eine Falle helfen, Marder seien hart im Nehmen.

»Wenn ihr nichts unternehmt, habt ihr bald das Haus voll von diesen Raubtieren«, meinte der Nachbar und prahlte, ihm würde so etwas nicht passieren. Er habe nämlich noch aus der DDR-Zeit einen Marderschreck, ein Gerät, das akustische Signale aussandte, die für Marder nicht auszuhalten seien. Welche akustischen Signale der DDR-Schreck von sich gab, wollte ich ihn noch fragen, vielleicht die Internationale? »Völker hört die akustischen Signale, auf zum letzten Gefecht«? Vielleicht sandte der Marderschreck die Hymne der DDR oder Honeckers Reden zum Jahrestag der Sozialistischen Oktoberrevolution? Ich verkniff mir jedoch solche frechen Fragen und bedankte mich für die Auskunft.

Meine Frau, der tierfreundlichste Mensch, den ich kenne, war entsetzt über diese Tiervernichtungsratschläge.

»Wir müssen mit dem Tierchen in Kontakt treten, dann verstehen wir besser, wie wir ihm helfen können, ohne dass es uns den Wagen kaputt frisst«, meinte sie.

Olga begab sich ins Internet und las auf deutschen und russischen Seiten alles, was sie über Marder finden konnte. Die Beziehung der beiden Völker zu diesem Tier scheint sich grundsätzlich zu unterscheiden. Während die Deutschen darauf hinarbeiteten, dem Marder das Leben schwer zu machen oder gar vorzeitig zu beenden, lobten die Russen den Marder als nützlichen Helfer bei der Mäuse- und Schlangenbekämpfung in Hof und Garten und empfahlen ihn sogar als Haustier, das »Gemütlichkeit und Freude ausstrahlt« – natürlich gewaschen und kastriert. Dementsprechend trugen die russischen Quellen romantische tierfreundliche Überschriften: Eine Broschüre hieß »Der Marder in seiner natürlichen Umgebung«, eine andere: »Ausgewogene Ernährung für Marder als Haustiere«. Es gab sogar ein Kindermärchen: »Marder Boris und die Waldfee«. Im Ernährungsratgeber stand, dass Marder auf Katzenfutter stünden.

Olga beschloss fürs Erste, den Marder umzusiedeln. Im Auto durfte er nicht bleiben. Es war ziemlich unbequem, unter der Motorhaube zu leben, ganz zu schweigen davon, dort eine Familie zu gründen. Olga stellte das alte plüschige Katzenhäuschen, das früher unser Kater Fjodor Dostojewski bewohnt hatte, neben das Auto und legte Katzenfutter hinein. Unser Kater

hatte das Häuschen früher sehr gern gemocht, ist aber mit der
Zeit größer geworden und passte irgendwann nicht mehr durch
das Türchen. Aber selbst dann schlief er noch eine Zeit lang auf
dem Teppich vor dem Häuschen, so gut gefiel es ihm. Nach und
nach wurden jedoch seine Erinnerungen an das Haus schwächer,
er gab schließlich auf und wechselte in den Kleiderschrank, wo
er eine neue kleine Heimat fand. Seitdem war das Haus verwaist.
Zu klein für die Katzen, wäre es für den Marder perfekt.

Unser Nachbar hielt das Häuschen zuerst für eine Marder-
falle. Als er erfuhr, dass meine Frau das Häuschen aus Tierliebe
aufgestellt hatte, flog er beinahe vor Lachen aus den Schuhen.

»Ihr habt nicht alle Tassen im Schrank«, meinte er. Ein Zusam-
menleben mit Mardern sei unmöglich, sie kämen nur auf die Welt,
um zu rauben und zu morden, dazu kackten sie auch noch alles
voll. »Die Natur ist stärker als jede Willkommenskultur, niemals
werden Mensch und Marder Freunde sein.« Darauf bestand er.

Das Katzenhaus blieb leer, das Katzenfutter darin verschwand.
Am nächsten Tag fanden wir einen neuen toten Indianerhäupt-
ling unter der Motorhaube. Meine Frau war leicht verstimmt, gab
den Marder jedoch nicht auf und hinterließ ihm trotz allem weiter Katzenfutter. Nach einer Woche verschwand der Marder von
unserem Grundstück. Vielleicht hatte er Gewissensbisse wegen
seines anarchischen Benehmens bekommen, oder ihm war das
Katzenfutter langsam unheimlich geworden. Auf jeden Fall verließ er uns und siedelte sich fest beim Nachbarn auf dem Dachboden an, sehr zu dessen Verwunderung. Er schien dort tatsäch-

lich eine Familie gegründet zu haben, denn es schmatzte nachts laut auf dem Dachboden und roch bestialisch nach Exkrementen, wie uns der Nachbar erzählte. Sein Marderschreck hatte versagt. Entweder war das Mardervolk schwerhörig und bekam die Signale nicht mit, oder es kam selbst aus der ehemaligen DDR, war also gegen die Signale immun.

Der Nachbar versuchte es mit Fallen, mit Metallseilen und mit Gift. Nichts half. In seiner Not suchte der Nachbar Hilfe im Internet und fand eine Firma, die einen sicheren Marderschutz mit lebenslanger Garantie anbot. Der Name der Firma weckte Vertrauen. Sie hieß »Marder-Mielke Panzerdach«. Mielke war ein verlässlicher Genosse gewesen, er hatte die Stasi in der DDR aufgebaut und das ganze Land unter einem Panzerdach gehalten. Die Firma saß allerdings im Westen. Der Aufwand, den sie betrieb, war beträchtlich: Das ganze Dach musste umgebaut werden, damit die Tierchen keinen Zugang mehr zum Dachboden fanden. Für den Fall, dass die Marder sich während der Umbauarbeiten anderswo im Haus versteckten, sollte ein videoüberwachtes Türchen ins Panzerdach eingebaut werden, das nur nach draußen aufging. Wenn die Marderfamilie durch die Tür hinausspazierte, würde die Mielke-Firma im Westen die Signale hören und dürfte die Rechnung stellen.

Diese Marderbekämpfung war solide, kostete aber natürlich eine Menge Geld, das mein Nachbar eigentlich für den Bau einer Sauna gespart hatte. Stattdessen bekam er nun ein Panzerdach. Die Nachricht verbreitete sich schnell im Dorf. Alle waren gespannt, ob die Marder den gemütlichen Dachboden gegen die Freiheit eintauschen würden. Die Völker im Osten und im Westen warteten auf die Signale. Die Völker im Osten versprachen sich ein besseres Leben ohne Raubtiere, die im Westen wollten endlich die Rechnung stellen.

Die Marder gingen nicht. Vielleicht waren sie gar nicht da, oder sie waren schon längst weg. Ich sehe sie oft am nächtlichen Himmel, wenn die Zungen des Feuers an den Sternschnuppen lecken. Irgendwo da oben, zwischen dem Sternbild des Wolfs und des Hasen, sieht man ganz klar einen zwinkernden Marder.

Meine Frau
und die künstliche Intelligenz

Ich frage mich, wieso jedes neue Jahr kürzer zu sein scheint als das vorige? Woher kommt diese rasante Geschwindigkeit, mit der die Zeit rast? Könnte es sein, dass die kapitalistische Produktionsweise die Zeit beschleunigt? Die Werbebotschaft des Kapitals ist unmissverständlich: Wir müssen alle Kekse schnell aufessen, alles Bier austrinken, wir müssen uns beeilen, als würden wir sonst bei Gott zu spät zum Kaffee erscheinen.

»Mit nur zehn Minuten am Tag! Haben Sie alle Ihre Muskeln trainiert! In nur zwei Wochen! Sechs Kilos abgenommen! Schnell und entspannt zu Ihrer Traumfigur!« Das hektische Pärchen aus dem Computer meiner Frau gab keine Ruhe. Jedes Mal, wenn Olga ihre Facebookfreunde besuchen wollte und aus Versehen mit der Maus über die gequält lächelnden Gesichter in dem Werbebanner fuhr, die alles andere als entspannt wirkten, fingen die beiden an zu vibrieren und laut anzugeben. Dabei konnte jeder sofort erkennen, dass es ihnen nicht gut ging. Es schüttelte sie so heftig, als hätten sie Angst vor ihrer eigenen Traumfigur.

»Kaufen Sie den ShapeFit-Master jetzt!«, forderten Menschen, die auf einer wild rüttelnden Platte standen, meine Frau auf. Wir wussten, wer diese Menschen zu uns geschickt hatte. Jedes Kind weiß das inzwischen: Im Internet wohnt die künstliche Intelligenz, die mit ihren Algorithmen alle unsere Wünsche, Hoffnungen und Träume voraussehen kann. Und sie ist ein wenig dämlich. Mir schickt sie ständig Aufforderungen, ich solle meine eigenen Bücher kaufen. Nur weil ich ab und zu im Netz geschaut habe, ob irgendwelche neuen Rezensionen über sie erschienen sind, stellt die künstliche Intelligenz bei mir ein erhöhtes Interesse an Büchern von Wladimir Kaminer fest. Die Tatsache, dass ich und der Autor dieser Bücher identisch sind, blendet diese Intelligenz aus.

Meine Frau hat einmal auf Bitte ihrer Mutter gegoogelt, was im Netz alles empfohlen wurde, um besser schlafen zu können. Ihr Interesse wurde von der künstlichen Intelligenz sofort sehr eigensinnig interpretiert. Bereits einen Tag später hatte sie auf Facebook das Werbebanner »Was tun gegen Gedächtnisverlust« als ständigen Begleiter. Später kam die »Behandlung der Arthrose, neues Geheimrezept« dazu, gefolgt von »Rückenschmerzen – zu Hause heilen, schnell und unproblematisch«. Ich glaube, diese Rückenschmerzen wurden durch eine virtuelle Hintertür des Pärchens mit dem ShapeFit-Master auf den Bildschirm geschmuggelt, nachdem sie sich im Computer meiner Frau fest eingenistet hatten. Kaum machte Olga ihren PC an, fingen die nervösen Menschen an zu vibrieren. Sie versprachen mehr Muskeln durch Nichtstun.

Steter Tropfen höhlt den Stein. Eines Tages stellte meine Frau überraschend fest, dass sie tatsächlich zu wenig Muskeln hatte, denen ein kleines Trainingsprogramm nicht schaden könnte. Warum nicht den ShapeFit-Master ausprobieren – mit zehn Minuten am Tag wäre die Sache doch schnell erledigt? Alle männlichen Mitglieder der Familie – Sebastian und ich – lachten über diese Naivität. Wir appellierten an Olgas Vernunft.

»Es gibt keine Abkürzungen im Leben und keine Wunder«, sagten wir unisono. »Jede Veränderung setzt eine heftige Anstrengung voraus.«

Ja, der Kapitalismus neigt dazu, leichtgläubige Menschen mit falschen Versprechungen zu ködern. Er will uns vorgaukeln, dass Wunder möglich sind. Aber wir hatten das doch schon alles durch. Wir haben Erfahrungen gesammelt. Wir haben vieles ausprobiert. Wir haben mit einem Hörbuch Fremdsprachen im Schlaf gelernt, mit einem chinesischen Wunderpflaster über Nacht alle Gifte aus dem Körper gezogen und sind mit einer Zauberformel alle Falten innerhalb einer Woche losgeworden. Jetzt wissen wir, es geht nicht. Mit zehn Minuten Vibration am Tag kann man keine Muskeln bekommen.

»Ja«, konterte meine Frau, »ihr habt natürlich recht. Aber man kann es doch einmal ausprobieren. Vielleicht klappt es. Es hört sich ja wissenschaftlich begründet an. Was wären die Menschen ohne Träume und ohne Hoffnung«, meinte sie und klickte auf die vibrierenden Menschen.

Die witterten einen nahen Sieg und fingen noch heftiger an zu vibrieren. »Jawohl!«, riefen sie. »Endlich die richtige Entscheidung getroffen!« Sie leiteten uns sofort an die Verkaufsstelle weiter. »Ach, nee«, sagte die Verkaufsstelle. »Angesichts der großen Nachfrage kann die Vibrationsplatte erst in vier Wochen geliefert werden. Zurzeit erlebt Deutschland einen Vibrationsboom, das ganze Land vibriert wie verrückt. Wir kommen mit dem Angebot nicht nach.«

Olga war schwer enttäuscht. Sie vibrierte bereits innerlich und wollte sofort mit den Übungen anfangen. Verzweifelt suchte sie im Netz nach einem anderen Anbieter, der die Platte sofort liefern könnte. Aber die Vibromenschen hatten sich anscheinend abgesprochen. Die Platte war nirgends unter vier Wochen Wartezeit zu haben. »Sie stehen ganz vorne auf unserer Liste«, beruhigte sie die Verkaufsstelle.

Man konnte die Platte allerdings wegen zu langer Wartezeiten abbestellen. Ich hatte also vier Wochen Zeit, um meine Frau umzustimmen. Doch was kann ein Mensch gegen eine künstliche Intelligenz schon ausrichten? Jeden Tag sah Olga die Schergen der Intelligenz, wie sie auf der Platte vibrierten. Sie standen, saßen, lagen, hockten auf der Platte. Nicht zehn Minuten, sondern Tag und Nacht! Sie bekamen immer festere Muckis und verbannten die Konkurrenz endgültig vom Bildschirm. Gedächtnisverlust, Arthrose und Rückenschmerzen mussten sich zusammen eine kleine Ecke unten rechts teilen.

Die rettende Idee kam mir, wie alles Wichtige im Leben, zufällig beim Aufwachen. Man kann doch Gleiches mit Gleichem bekämpfen. Wahrscheinlich klappte es nicht, aber was, wenn doch?

Meine Frau war noch im Bett. Ich lief ins Arbeitszimmer und gab auf ihrem Computer ein: »Vibrationen im Körper – was tun?« Die Beschwerde gab es millionenfach im Netz. Überall auf der Welt litten Menschen in Händen, Füßen und im Bauch unter Vibrationen, die mal stärker, mal schwächer ausfielen. Manche vibrierten so heftig, dass sie zu blinken anfingen und von ihrer Außenwelt nicht mehr wahrgenommen werden konnten. Vielleicht bestand die Gefahr, durch heftiges Vibrieren ganz zu verschwinden. Man wusste es nicht genau. Stress, Stoffwechselstörung und allgemeine Melancholie wurden als mögliche Ursachen genannt. Ich habe so viele Seiten wie möglich angeklickt, in der Hoffnung, die dämliche Intelligenz würde den plötzlichen Interessenwechsel merken. Und sie ist voll darauf reingefallen. Bereits am späten Nachmittag wurden die Vibromenschen in Olgas Computer von Yogamatten, Entspannungs-CDs und Tageslichtlampen bedrängt, die gut gegen Vibrationen im Körper sein sollten. Eine andere Welt tat sich auf. Niemand schaute mehr auf die Uhr, in der Angst, die eigenen Muskeln zu verpassen. Männer und Frauen lagen völlig entspannt auf Gummiteppichen unter einer künstlichen Sonne und lauschten dem Singsang von Delphinen.

Nach drei Tagen war Olga fast schon so weit, den Shape-Fit-Master abzubestellen und stattdessen eine künstliche Sonne zu kaufen. Doch die hinterhältigen Vibromenschen waren noch nicht ganz weg, sie hatten sich bloß in eine Ecke verkrochen und schickten bestimmt Berichte über die unsichere Lage an die Verkaufszentrale. Sie witterten die Gefahr förmlich.

»Gratuliere! Ihre Wartezeit hat sich verkürzt«, schrieb uns die Zentrale. Wahrscheinlich hatten uns die Vibromenschen aus der Werbung aus Verzweiflung ihre eigene Platte geschickt. Schon einige Stunden später hielt das gelbe DHL-Auto vor unserem Haus, und unser alter Freund, Fahrer Roman, brachte die Platte.

»Viel Spaß beim Vibrieren!«, sagte er.

Wir haben das Wunder der Technik ausgepackt. Es steht im Gästezimmer. Die Katze sitzt drauf, zehn Minuten am Tag.

Unwiderstehliche italienische Wohnzimmergarnitur

Meine Kindheit verlief in kleinen zentralbeheizten Räumen mit tiefen Decken und Wänden aus Pappe. Unsere Moskauer Wohnung, die wir zu viert mit Mama, Papa und Katze Sophia – benannt nach meiner Urgroßmutter – bewohnten, war 27 Quadratmeter groß, Küche und Bad eingeschlossen. Viel Mobiliar passte da nicht rein. Das war meinem Vater nur recht. Als begeisterter Sportfreund brauchte er jede Menge Platz für seine Übungen. Er sprach oft und gerne von »Freiräumen«, die Menschen nötiger hätten als irgendwelche Schrankwände.

Die beliebteste Sportart meines Vaters war das Herumspringen. Er machte jeden Morgen Seilsprünge vor dem Fernseher und hüpfte so leidenschaftlich, dass bei dem Nachbarn unter uns die Lampe an der Decke wackelte. Mein Vater stemmte auch Gewichte. Seine Hanteln rollten überall in der Wohnung hin und her und brachten die Katze Sophia an den Rand des Wahnsinns.

»Ein wirklich freier Mensch braucht keine Möbel zum Leben«, philosophierte er in den kurzen Pausen zwischen den Sportübungen. Mein Vater brauchte maximal eine Kiste, um seine Sachen abzulegen, und eine Matratze zum Schlafen.

Meine Mutter war mit seiner Einstellung nicht einverstanden.

Wie jede vernünftige Frau wollte sie zu Hause für Komfort und Gemütlichkeit sorgen, und ohne Möbel war Gemütlichkeit aus ihrer Sicht nun mal nicht herzustellen. Meine Mutter träumte von einer Wohnzimmergarnitur. Sie kehrte immer wieder nach der Arbeit in das Möbelgeschäft auf der Partisanenstraße ein, um mit den Verkäuferinnen dort zu plaudern. Einrichtungsgeschäfte gab es in Moskau jede Menge. Man konnte dort große Plakate mit besonders praktischen Tipps für die Wohnungseinrichtung bestaunen und in den Prospekten blättern. Es roch wunderbar nach Klebstoff und frisch geschnitzeltem Holz. Diese Geschäfte hatten nur einen Haken: Möbel gab es dort nicht. Der sozialistische Staat teilte anscheinend in der Mobiliarfrage die Meinung meines sportlichen Vaters. Aus Sicht des Staates sollte ein sowjetischer Mensch seine kleine Bude nicht mit unnötigem Ballast vollstopfen, sondern stattdessen für eine bessere, gerechtere Welt kämpfen.

Möbel waren in diesem Kampf eine Waffe des Kapitals, das damit versuchte, unsere Menschen vom wirklich Wichtigen abzulenken. Im kapitalistischen Hamsterrad musste sich der Mensch sein Leben lang ausbeuten lassen, um beispielsweise irgendein völlig überflüssiges Sofa kaufen zu können. Bei uns musste er sich bei der Arbeit nicht so doll anstrengen und hatte dementsprechend auch kein Sofa. Die sowjetische Wirtschaft konzentrierte sich mehr auf die Produktion von Sportanzügen, Hanteln und marxistischer Literatur. Für Möbel waren, wenn überhaupt, unsere Bruderländer zuständig: die Tschechoslowakei, Polen, Rumänien und die DDR.

Im leeren Einrichtungsgeschäft auf der Partisanenstraße konnte man sich in eine Warteliste für tschechische Möbelgarnituren eintragen. Es dauerte eine Ewigkeit, bis man eine Benachrichtigung bekam, das Möbelstück sei eingetroffen. Doch sowjetische Menschen waren mit Ewigkeiten gut vertraut. Sie wussten, man brauchte viel Geduld und Ausdauer, um im Sozialismus zu leben. Die meisten Anekdoten in Russland handelten von Ewigkeiten, Wartezeiten und Wartelisten. Auch der lustige amerikanische Präsident Ronald Reagan, ein begnadeter Witzeerzähler, lachte gern über die Bereitschaft der Russen, ein Leben lang auf Besseres zu warten. Er sammelte die sowjetischen Witze, die ihm angeblich Gorbatschow persönlich streng geheim und mit diplomatischer Post zuschickte. Ich habe mehrmals auf verschiedenen Internetseiten gesehen, wie Ronald Reagan sowjetische Witze vor dem amerikanischen Kongress erzählte:

Ein Mann geht in ein Geschäft, um ein Auto zu kaufen. Er zahlt und bekommt vom Verkäufer einen Zettel: Kommen Sie in dreißig Jahren am Vormittag, um Ihr Auto abzuholen.

Der Autoliebhaber läuft rot an und fragt, ob er nicht vielleicht nachmittags kommen könne, denn am Vormittag in dreißig Jahren habe er einen Zahnarzttermin.

Hahaha! Die Amerikaner im Kongress lachten sich über die sowjetischen Witze schlapp.

Meine Mutter musste keine dreißig Jahre auf ihre Möbel warten. Breits nach zweieinhalb Jahren bekam sie die Benachrichtigung, ihre Garnitur sei eingetroffen. Die Familie kratzte alles Geld zusammen und verschuldete sich bei den Nachbarn und Arbeitskollegen. Mein Vater organisierte in seinem Betrieb einen Lkw, um die Garnitur zu uns nach Hause zu transportieren. Den ganzen Tag schleppten wir irgendwelche Holzplatten in den fünften Stock. Mein Vater und ich hassten Mamas Möbel bereits, noch bevor sie ausgepackt waren. Meine Mutter war jedoch begeistert. Ihr Traum von Gemütlichkeit schien in Erfüllung zu gehen. Zu unserer neuen Wohnungseinrichtung gehörte ein tschechisches ausklappbares Schlafsofa mit »rumänischer Füllung«, wie es in der Beschreibung hieß. Niemand von uns wusste, was diese rumänische Füllung sein sollte. Ferner gehörten dazu eine Schrankwand, ein Tisch, drei Stühle und ein Fernsehsessel.

Um die tschechische Produktion auf Robustheit zu überprüfen, sprang mein Vater sofort auf das Sofa. Die Sofabeinchen brachen, die rumänische Füllung kam heraus: Sie sah aus wie eine Mischung aus Stacheldraht und Stroh. Mein Vater wollte auch noch auf den Tisch springen, um den Rest der Möbel auf ihre Stabilität zu prüfen, aber meine Mutter verbot es ihm scharf. Es kam zu einem heftigen Streit in der Küche, aus dem meine Mutter als Siegerin hervorging. Das Sofa wurde mit Hilfe handwerklich begabter Nachbarn repariert.

Das Familienbudget hatte sehr stark unter dem Kauf der Garnitur gelitten. Mein Vater, der keinen Platz zum Springen mehr hatte, gab meiner Mutter und Ronald Reagan klar zu verstehen, der Familienbedarf an Möbeln sei nun für die nächsten dreißig Jahre gedeckt. Die Lust meiner Mutter am Einrichten war aber durch den Möbelkauf nur noch größer geworden. Also versuchte sie, unsere Wohnung mit bereits vorhandenen Elementen immer wieder neu zu gestalten. Sie stellte die Möbel alle zwei Wochen um. Sofa und Tisch wechselten ständig die Plätze, der Sessel zog von einer Ecke in die andere, und sogar die schwere Schrankwand führte ein Nomadenleben. Mein Vater und ich stolperten ständig über Möbelstücke, die ihren gewohnten Platz verlassen hatten. Mein Vater schimpfte laut, ich fand die permanente Möbelwanderung ebenfalls beunruhigend.

Als ich erwachsen wurde und nach Ostberlin auswanderte, musste ich mir keine Gedanken darüber machen, wie ich meine erste eigene Wohnung möblieren könnte. Nach dem Fall der Mauer flohen viele Bürger der DDR in den Westen. Sie hatten kein Vertrauen in die Politik, glaubten nicht so recht an das Ende des Staates und wollten für alle Fälle, sollten es sich die Politiker noch einmal anders überlegen und die Mauer wieder schließen, auf der sicheren Seite sein. Sie verließen ihre Wohnungen in Eile und nahmen nur das Notwendigste mit – nur das, was sicher durch das Mauerloch passte.

Eine Menge Wohnungen in Berlin Prenzlauer Berg standen daraufhin leer und waren sogar teilmöbliert. Sie wurden von uns, den Neuankömmlingen aus dem Osten, besetzt. Falls jemandem noch ein Möbelstück fehlte, ließ es sich problemlos auf der Straße finden. Unter jeder zweiten Laterne standen Sofas, Schränke und Stühle. Sogar funktionierende Kühlschränke und Waschmaschinen waren dort umsonst zu haben. Wahrscheinlich dachten die Bürger der DDR, im westlichen Paradies würden sie keine Waschmaschinen brauchen. Ich nahm mir ein wunderbares grünes Sofa von der Straße mit, das mich stark an das tschechische Sofa meiner Eltern erinnerte. Von Neugier geplagt wollte ich sogar die Polster diskret an der Seite aufschlitzen, um nachzuschauen, ob eine rumänische Füllung drin war, ließ es aber sein. Einen Küchentisch und einen Kleiderschrank hatte mir der aus der Republik geflüchtete Vormieter hinterlassen. Stühle, Sessel und eine Stehlampe, farblich perfekt auf den Sessel abgestimmt, fand ich wenig später hinter dem Haus im Sperrmüll. Meine Wohnungseinrichtung schätzte ich als bürgerlich-konservativ. Die Möbel, einmal aufgestellt, sollten bei mir niemals ihren gewohnten Platz verlassen.

Später heiratete ich und zog mit Olga in eine größere Wohnung um, als wir Nachwuchs erwarteten. Meiner Frau war es peinlich, dass wir, als längst integrierte Europäer, noch immer auf dem Müllsofa logierten. Einmal stieß sie in einer russischsprachigen Zeitung auf eine Annonce: *Italienische Polstergarnitur, unwiderstehlich schön und ursprünglich unverschämt teuer, von russischer Familie wegen ihres Umzugs ins weitere Ausland preiswert in gute Hände abzugeben.* Meine Frau wollte sofort dort anrufen. Ich äußerte meine Zweifel an der Unwiderstehlichkeit der Garnitur.

»Es ist allgemein bekannt, Liebling, wie unterschiedlich die Vorstellungen von schön und hässlich sein können«, versuchte ich sie zur Vernunft zu bringen. »Und besonders unterschiedlich sind die Geschmäcker unserer Landsleute, die aus der Sowjetunion nach Deutschland ausgewandert sind.«

Die russische Familie, die in Eile ihre unwiderstehlichen italienischen Möbel verkaufte, wohnte in Charlottenburg in der Nähe des KaDeWe. Dort hatten sich bevorzugt Geschäftsleute aus kleinen ukrainischen Städten angesiedelt. Sie verabscheuten den Osten, fühlten sich nur im gutbürgerlichen Teil von Westberlin sicher und machten ihre Geschäfte hauptsächlich unter sich ab. Sie konnten kein Deutsch und wollten es auch nicht lernen. Ihre Vorstellungen vom schönen Leben waren dicke Autos für Männer und mit schwerem Goldschmuck behangene Frauen, die auf hochhackigen Stiefeln und mit Plastiktüten in den Händen auf dem Ku'damm flanierten.

»Ich bezweifle sehr, dass deren italienische Möbel dir gefallen würden«, versuchte ich es noch einmal.

Doch meine Mühe war vergeblich. Wenn sie sich einmal etwas in den Kopf gesetzt hat, lässt sich meine Frau durch nichts und niemanden mehr davon ablenken. Sie telefonierte mit den Möbelinhabern, fuhr ans Ende der Welt, nach Charlottenburg, und rief mich eine Stunde später an. Sie konnte vor Lachen kaum reden. Die Möbelbesitzerin, eine blondierte Dame aus Dnjepropetrowsk, hatte ihre Möbel stolz präsentiert: einen weißen Schrank mit Spiegelwand und Engeln an den Türen; dazu ein Bett, das aussah wie ein Kuchen und ebenfalls an allen Seiten mit Skulpturen verziert war: mit Engeln, Schlangen und einem großen Herz über dem Kopfbrett, in dem eine rote Lampe glühte. Das Ganze ließ an einen Geburtstag im Bordell denken und sollte 6000 Euro kosten.

Meine Frau fand die Möbel äußerst hässlich, wollte es der Besitzerin aber nicht direkt sagen. Sie versprach, über den Kauf nachzudenken und sich zu melden, bedankte sich und ging. Die blondierte Dame aus Dnjepropetrowsk ließ sie nachdenklich zurück: Wie konnte es sein, dass ein russisches Mädchen aus Ostberlin ihre wunderschönen Möbel anschaute und nicht vor Begeisterung platzte? Das konnte doch nur bedeuten, dass dieses Mädchen einen Raubüberfall plante. Womöglich war sie Mitglied einer Bande, die es auf besonders schöne italienische Möbel abgesehen hatte. Die blondierte Dame hatte Olgas Nummer. Sie rief mehrmals an.

»Ich habe dich durchschaut!«, rief sie in den Hörer. »Dein teuflischer Plan wird nicht aufgehen! In unserem Haus und in der Wohnung sind nämlich überall Kameras montiert. Ich habe von dir unauffällig ein Foto gemacht und dem Sicherheitsdienst übergeben. Ich habe sofort an deinen Augen gesehen, dass du nicht zum Möbelkaufen gekommen bist«, duzte die Blondine meine Frau am Telefon. »Aber bei mir kommt diese Nummer nicht durch!«

»Sie irren sich«, versuchte meine Frau sie zu beruhigen. »Ich hatte durchaus Kaufabsichten. Ich habe Ihre Möbel nicht gekauft, weil sie so hässlich sind. Sie sehen unglaublich billig aus, mit den ganzen Engelchen und dem glühenden Herzchen.«

»Billig? Haha, jetzt hast du dich endgültig verraten!«, triumphierte die Blondine, »wir haben diese Garnitur vor drei Jahren für 10 000 Euro gekauft, sie war das Teuerste, was dieser italienische Meister anzubieten hatte. Jetzt habe ich dich! Ich habe unser Gespräch nämlich aufgenommen und gehe gleich zur Polizei«, rief sie ins Telefon.

Im Laufe der nächsten Tage wurde meine Frau immer wieder mit Anrufen vom Ku'damm belästigt. Die Blondine wunderte sich, dass der Raubüberfall auf sich warten ließ. Für uns war das nicht so lustig. Kurz überlegten wir, selbst zur Polizei zu gehen. Aber dann hörten die Anrufe auf. Das grüne Sofa ging derweil kaputt, und die rumänische Füllung quoll aus allen Ecken. Wir brachten es dahin, wo ich es vor zehn Jahren gefunden hatte, und besorgten uns eine französische Liege beim Chinesen um die Ecke.

Und? Was für einen Sinn, was für ein Fazit soll diese Geschichte haben?, würde mich vielleicht der neugierige Leser fragen. Das Fazit ist doch klar: Man sollte sich für keine italienischen Möbel interessieren, die von Russen angeboten und für unwiderstehlich gehalten werden.

Manche Mädchen bleiben böse

In meiner Kindheit galt lachen auf Familienfotos als nicht angebracht. Sie wurden immerhin für die Ewigkeit gemacht, und ein Lachen ist vergänglich. Denkmäler lachen nicht. »Achtung, ich bitte um Ihren Ernst«, sagte mein Vater, wenn er meine Mutter und mich verewigen wollte.

Ich habe zu Hause jede Menge Fotos von damals mit traurigen Menschen drauf. Die Männer auf den Bildern schauen, als würden sie für die Verbrecherkartei geknipst. Die Frauen tun überrascht und machen so große Augen, als hätten sie gerade erfahren, dass ihre Männer in Wahrheit Außerirdische sind. Die Kinder auf den Fotos sehen alt aus. Sie stehen ungewöhnlich gerade, manche wirken hypnotisiert. Doch niemand von ihnen schaut so böse aus einem Familienfoto in die Welt wie meine Frau. Auf dem Bild mit dem Spitznamen »Böses Mädchen samt Verwandtschaft«, das bei ihr über dem Tisch an der Wand hängt, ist sie neun oder zehn Jahre alt. Sie durfte für das Foto kleine goldene Ohrringe tragen, die ihr die Großmutter geschenkt hatte, und hat ein schickes Seidenkleid an, hellblau mit kleinen weißen Pünktchen drauf, wie sie sich erinnert. Eigentlich kein Grund, um böse auf die Welt zu sein. Links, rechts und hinter ihr ragen traurig blickende Verwandte auf: die Großmutter, eine strenge Frau mit Kopftuch, und ihre drei erwachsenen Kinder – zwei Töchter und der einzige Sohn –, dazu zwei Enkeltöchter und der Schwiegersohn, der Vater meiner Frau. Und ganz unten steht ein kleines zierliches Mädchen mit großem Kopf, zwei Zöpfen und dem Blick einer Massenmörderin.

Olga weiß heute selbst nicht mehr, weswegen »das böse Mädchen« auf dem Bild damals so unzufrieden war. Das Foto ist allerdings unter schweren Bedingungen entstanden. Ihre Familie wohnte am Rande der tschetschenischen Hauptstadt Grosny im Bezirk »Alte Meister«. Dort lebten die Ölsucher – Geologen, die meisterhaft Ölquellen finden konnten. Wenn sie in die Stadt gingen, hieß es unter den Einheimischen: »Die alten Meister gehen aus.«

Eines Tages fühlte sich die Großmutter nicht gut, sie war schon alt und ahnte den Tod. Also sagte sie, sie würde gerne mit allen Familienmitgliedern zusammen noch schnell ein Foto machen, für sie vielleicht das letzte gemeinsame Foto auf Erden. Nicht alle Alten Meister hatten Telefon, von Fotoapparaten ganz zu schweigen. Es war logistisch keine leichte Aufgabe, die Großfamilie an einem Tag zu versammeln und zu einem Termin in einem Fotoatelier zu überreden. Noch schwieriger war es für die Oma, das äußere Erscheinungsbild der Familie zu justieren. Sie haben sich damals den halben Tag lang gestritten. Die ältere Enkelin Anja hatte einen unmöglichen Pony-Haarschnitt. Die Haare hingen ihr vor den Augen, was gerade groß in Mode war.

Die Großmutter verspottete sie, sie würde doch niemals die Tür treffen, wenn sie mit Haaren vor den Augen herumliefe. Daraufhin unterstellte Anja ihrer Oma, diese habe keinerlei modisches Bewusstsein, und wenn hier jemandem ihr Pony nicht gefalle, dann könne dieser Jemand sich gern allein fotografieren lassen.

Die ältere Tochter Anastasia meinte, sie wäre gerne mit auf dem Bild, aber nur wenn ihr Freund Boris auch dabei wäre. Er brauchte aber zuvor eine Flasche Portwein und noch eine für danach, um in die Stadt mitzukommen. Ganz ohne Portwein würde er es nicht bis zum Fotoatelier schaffen.

»Wir brauchen deinen Freund Boris auf unserem Familienfoto nicht«, regte sich ihr Bruder Georgij auf. »So ein Bild wird für die Ewigkeit gemacht. Und du hast alle drei Monate einen neuen Boris. Wenn du dich mit deinen ganzen Freunden fotografieren lässt, passen sie gar nicht alle aufs Bild. Außerdem ist doch klar – er liebt nicht dich, sondern nur Portwein! Deswegen trinkt er bereits am frühen Vormittag! Das muss ja eine ganz große Liebe sein!«, meinte der Bruder zu Anastasia.

»Freunde sollen zu Hause bleiben!«, unterstützte ihn Anja.

Anastasia tat beleidigt. Sie sagte, sie habe sich vielleicht tatsächlich in manche Beziehung verrannt und sei enttäuscht worden, aber diesmal sei es absolut ernst und für immer. Ob mit oder ohne Portwein spiele keine Rolle. Man könne sicher auch ohne sie das Foto machen, sie bleibe bei ihrem Freund in guten wie in schlechten Zeiten.

Georgij, der einzige Sohn der Großmutter, hatte gerade drei

Jahre Dienst in der sowjetischen Flotte hinter sich. Er war mit seinem Schiff bis Kuba gefahren und galt in der Familie als Verfechter des Fortschritts und der Weltoffenheit. Er bat seine Mama, für das Foto ihr Kopftuch abzulegen, denn »es gehört sich nicht mehr, dass ältere Frauen mit Kopftüchern herumlaufen«.

»Du kannst mich mal!«, sagte die Großmutter. Sie war außer sich vor Wut. Sie hatte das Kopftuch doch schon immer getragen, in Kriegs- und in Friedenszeiten, in Zeiten des Hungers und der Ernte. Warum also sollte sie es jetzt plötzlich ablegen, nur weil ein dummer Junge sich schämte?

Die jüngere Schwester Tatjana musste ebenfalls Kritik einstecken – wegen zu hoher Schuhe. Sie war nicht so groß geraten wie die anderen und brauchte die Schuhe, um nicht lächerlich auszusehen.

Ihr Mann Grigorij schimpfte nicht, er hatte einfach an dem Tag schlechte Laune. Der Fototag war sein einziger freier Tag in der Woche. Er hatte sich schon mit Freunden zum Angeln verabredet, die Rute vorbereitet und die Würmer besorgt. Es sollte ein entspannter Angeltag werden. Jetzt war alles umsonst gewesen.

Zwei Stunden lang stritt sich die Familie, danach fuhren sie eine geschlagene Stunde mit dem Bus Nummer vier bei brütender Hitze schweigend zum Fotoatelier. Dort stellte der Fotograf sie immer wieder neu auf. Er war ein großer Künstler und konnte sich lange nicht entscheiden, was besser für die Ewigkeit wäre: Wenn die Oma in der Mitte saß oder wenn sie stand. Die ganze Familie stand kurz davor auszurasten, als er auf den Auslöser drückte.

Und so hat die Ewigkeit die Familie empfangen: Anja mit den Haaren vor den Augen, die Oma im Sitzen mit Kopftuch, Tatjana mit Stöckelschuhen, Grigorij ohne Angel und Anastasia ohne Freund. Und ganz unten ein kleines Mädchen im blauen Seidenkleid und mit goldenen Ohrringen, das die Welt ganz offensichtlich hasst.

Die Oma ist nach dem Fototermin nicht gestorben. Sie lebte gesund und munter weitere sechzehn Jahre und hat das Kopftuch bis zu ihrem letzten Tag getragen. Auch einige Familienmitglieder sind inzwischen gestorben, einige andere sind wohlauf. Das Foto wird wahrscheinlich in der Ewigkeit einen Ehrenplatz an der Wand »Unsere Besten« einnehmen. Das Mädchen ist gewachsen, das blaue Kleid und die Ohrringe aber sind verschwunden.

Oft träumt meine Frau denselben Traum. Sie befindet sich in einer Wohnung, die eine Mischung aus ihrem Elternhaus in Grosny, ihrer Mietwohnung in St. Petersburg und ihrem Zimmer im Ausländerwohnheim Berlin-Marzahn ist. Diese riesige Traumwohnung hat mehrere Küchen und Balkone, und überall in den Küchen sitzen Menschen, rauchen und reden – ihre ehemaligen Nachbarn, ihre Freunde und Verwandten. Einige sind längst gestorben. Auch unbekannte Gesichter sind dabei, im Korridor spielen arabische Kinder Fußball.

Im Traum schlendert Olga durch die Wohnung auf der Suche nach ihrem eigenen Zimmer. Denn irgendwo muss es dort einen

Raum geben, der nur ihr gehört und wo all die Sachen sind, die sie seit ihrer Kindheit vermisst: der goldene Ohrschmuck, ein Geschenk der Großmutter, und das hellblaue Seidenkleid mit weißen Pünktchen, das sie als Kind mit großer Freude getragen hat. Als sie erwachsen wurde, wollte sie, dass ihre Mutter aus diesem Kleid eine Bluse nähte. Die Mutter redete ihr die Idee aber aus. Es hätte albern ausgesehen, man würde sofort sehen, dass die Bluse vor Kurzem noch ein Kinderkleid gewesen war.

Im Traum findet sie das Zimmer, aber die Tür ist verschlossen. Olga klopft an und hört deutlich, wie jemand dahinter atmet.

»Eine Frechheit! Das ist mein Zimmer! Mach auf, du böses Mädchen!«, ruft sie. Doch niemand antwortet ihr.

Meine Frau ist überzeugt, dass sich hinter der Tür das böse Mädchen aus dem Foto verschanzt hat. Manchmal singt das Mädchen hinter der Tür leise russische Volkslieder oder niest ganz laut. Aber sie macht nie auf. Manche Mädchen bleiben eben für immer böse.

Meine Frau ärgert sich jedes Mal furchtbar im Traum und wacht auf.

Die Lieblingsmusik meiner Frau

Wir sind sehr unterschiedlich. Ich schlafe ein, Olga wacht auf. Ich treibe gerne Sport, sie kann Sport nicht ausstehen. Ich habe Angst vor Horrorfilmen, sie sammelt sie sogar und schaut sie sich gerne nachts um drei an. Je furchterregender, umso besser. Ich koche Eier weich, sie hart. Ich trinke grünen Tee, sie lieber schwarzen. Ich schätze rote Weine, sie trinkt nur weiße. Ich lese niemals ein Buch zwei Mal. Sie liest die gleichen Bücher jedes Jahr aufs Neue. Sie hat ein ganzes Regal mit zerfledderten Krimis, bei denen schon ein Blick aufs Cover verrät, wer der Mörder ist. Trotzdem werden sie mit aufrichtigem Interesse beim Frühstück verschlungen.

Für mich als Schriftsteller wäre es nicht uninteressant zu wissen, was genau sie von dieser Literatur erwartet. Glaubt sie, eines Tages das Buch aufzumachen, und der Mörder ist ein anderer? Jedes Kind weiß, das wird nie passieren. Der Mörder ist immer derselbe. Wenn ich sie danach frage, zieht Olga nur die Schultern hoch und sagt, auf den Mörder komme es gar nicht an.

Wenn sie keine Lust auf Krimis hat, greift sie zu *Der Meister und Margarita*, einem Roman von Bulgakow, den sie seit dreißig Jahren liest und dessen Text sie sicher längst auswendig kennt.

Sie liest den Roman aber jedes Mal wie beim ersten Mal: lacht an den gleichen Stellen und weint ein bisschen am Ende des Buches, immer an der Stelle, wo Margarita ihrem Meister das ewige Haus zeigt, in dem die beiden endlich zur Ruhe kommen sollen. Olga fand diese traurige Liebesgeschichte bereits vor dreißig Jahren rührend. Sie rührt sie heute noch.

Nicht anders geht sie mit ihrer Lieblingsmusik um. Seit vielen Jahren bin ich neben dem Schreiben auch als DJ tätig. Ich veranstalte Russendiskos. Dafür suche ich ständig neue Musik, schließlich möchte ich die Menschen auf der Tanzfläche mit etwas Neuem, Unbekanntem, noch nicht Gehörtem überraschen. Meine Frau wollte auch mal DJ werden. Sie dachte sich als Erstes einen Künstlernamen aus, »DJ Maus« wollte sie heißen. Als Zweites brannte sie ihre Lieblingsmusik auf zwei CDs. Die Platten bekamen die fantasievollen Namen »Olga Mix I« und »Olga Mix II« und dienten eine Zeit lang als Grundlage für ihre Auftritte.

Die Disko von DJ Maus fand beim Publikum großen Anklang. Das Programm war laut und kurz, es dauerte ungefähr eine Stunde. Wenn die zweite CD zu Ende ging, legte DJ Maus die erste CD wieder ein. Mehr Musik dazuzunehmen weigerte sich Olga. »Das Bessere ist doch der Feind des Guten«, sagte sie. Olgas Mix I und II hatte sie fünf Mal gepresst, um überall die gleiche Musik zu haben: eine Kopie als Reserve, eine im Auto, eine für den Urlaub, eine für das Gartenhaus und eine als Geschenk für potenzielle Interessenten.

Bei Olgas erstem Mix handelt es sich um Songs, die sie noch in der Sowjetunion aufgeschnappt hatte. Hinter jedem Titel stehen ein Mensch und eine Geschichte. Ihre zweite CD ist 1990 durch den kollektiven Einsatz britischer Soldaten in Westberlin entstanden. Damals arbeitete Olga zusammen mit einigen irischen Frauen, die mit in Berlin stationierten englischen Soldaten befreundet waren, in einem Alt-Berliner Irish Pub. Die Soldaten kamen jeden Abend in den Pub und blieben manchmal die halbe Nacht. Olga fragte sie nach der richtigen Musik. In der Sowjetunion wusste keiner wirklich, was die Welt draußen hörte. Wir waren damals auf die wenigen Musikschlepper und ihren Geschmack angewiesen. Die Soldaten nahmen Olgas Frage sehr ernst, sie wollten dieses junge russische Mädchen unbedingt aufklären. Jeder schenkte ihr eine Audiokassette mit seiner Lieblingsmusik. Es stellte sich allerdings heraus, dass die britischen Soldaten einen ziemlich übersichtlichen Musikgeschmack hatten. Fast alle hörten damals »Fisherman's Blues« von den Waterboys und »Disintegration« von The Cure.

Olga spielte diese Audiokassetten hinter dem Tresen im Alt-Berliner Irish Pub. Sie fand die Musik cool, und die Soldaten freuten sich. Nach einer Weile wurden die britischen Soldaten aus Berlin abgezogen, gingen in ihre Heimat zurück und nahmen die rothaarigen irischen Frauen mit. Der Pub wurde leer und ging pleite. Das neue Jahrtausend brach an, neue Songs eroberten die Ohren der Menschen. Von der ganzen Fülle westlicher Musik hört Olga heute am liebsten zwei Platten:

»Disintegration« von The Cure und »Fisherman's Blues« von den Waterboys.

Als unsere Kinder klein waren, fanden sie diese Musik auch nicht übel, und Robert Smith, den Sänger von The Cure, hielten sie für einen traurigen Märchenprinzen. Später in der Pubertät war es den Kindern peinlich, diesem geschminkten Mann zuzuhören. Noch später fanden sie es irgendwie doch wieder cool. Mal fanden sie ihn exotisch und mal altmodisch, die Jugend ändert ständig ihre Meinung, sie kann sich niemals festlegen. Olga hört weiterhin unbeirrt »Disintegration«.

Diese Anhänglichkeit bezüglich bewährter Kulturgüter macht es ihr nicht leicht, neue Freundschaften zu schließen. Dabei ist sie eigentlich ein geselliger Mensch, der gerne ausgeht und Menschen kennenlernt. Dabei trifft Olga immer wieder auf beeindruckende, interessante Personen, die lustig sind und gut erzählen können. Mit diesen Personen würde sie gerne einen engeren kulturellen Austausch betreiben. Der Haken dabei ist: Entweder haben sie *Meister und Margarita* nicht gelesen, oder sie kennen »Disintegration« nicht oder haben noch nie etwas von den Waterboys gehört.

Deswegen bleibt Olga bei ihren alten Freunden, die genau wie sie das Buch auswendig kennen und 1990 gelegentlich im Alt-Berliner Irish Pub vorbeischauten. Sie wohnen aber in der Regel weit weg – beispielsweise in St. Petersburg, der Stadt mit dem fiesen Wetter – und melden sich nur sporadisch bei uns. Andere sind in England und melden sich noch seltener als die Peters-

burger. Einige andere Freunde sind gestorben und melden sich
gar nicht. Deswegen hört Olga »Disintegration« die meiste Zeit
allein oder in meiner Gesellschaft.

Bis sie eines Tages Facebook für sich entdeckte. Die sozialen
Netzwerke filtern die Menschen rasch nach Interessengruppen.
Schon bald hatte Olga 83 Freunde, alles intelligente, gebildete
Menschen, die genau wie sie Katzen mochten, die gleiche Musik hörten und das richtige Buch lasen. Die Facebook-Freund-
schaften hielten jedoch nur so lange, bis die Russen auf der Krim
einmarschierten, die Ostukraine überfielen und Syrien bombar-
dierten. Auf einmal stellte Olga fest, auch unter Katzenliebha-
bern gab es jede Menge Rassisten, Chauvinisten und Patrioten
vom KGB. Ein Drittel aller Cure-Fans bejubelte Putin, und viele
Bulgakow-Leser hetzten gegen die Ukrainer und deren Revolution. Schon bald reduzierte sich die Anzahl von Olgas Freunden
wesentlich. Neue Freunde sind anscheinend ein Luxus, der nicht
jedem zugänglich ist. Die Welt spielt verrückt, meint Olga: Die
Menschen glauben Schurken und wählen Idioten.

Solange die Welt verrücktspielt, bleibt uns nichts anderes üb-
rig, als in der Küche zu sitzen, »Disintegration« zu hören und
über Bulgakow zu weinen, immer an der gleichen Stelle, wenn
Margarita ihrem verzweifelten Meister ihren Traum erzählt:

*»Horch, die Stille«, sagte Margarita zum Meister, und Sand
knirschte unter ihren bloßen Füßen, »horch und genieße das, was dir
nie im Leben gegeben war – die Lautlosigkeit. Schau, dort vorn ist
dein ewiges Haus, das du zur Belohnung erhalten hast. Ich sehe schon*

das venezianische Fenster und die rankenden Reben, die bis zum Dach wachsen. Das ist dein Haus, dein ewiges Haus. Ich weiß, abends werden die zu dir kommen, die du liebst, für die du dich interessierst und die dir keine Unruhe bringen. Sie werden dir vorspielen, sie werden dir vorsingen, und du wirst sehen, was für Licht im Zimmer ist, wenn die Kerzen brennen. Du wirst einschlafen, die unvermeidliche speckige Nachtmütze auf dem Kopf, wirst einschlafen mit einem Lächeln auf den Lippen. Der Schlaf wird dich kräftigen, und du wirst weise urteilen. Aber wegjagen kannst du mich nicht mehr. Ich werde deinen Schlaf behüten.«

Das Geheimnis ewiger Jugend

Jedes Familienleben gründet auf Kompromissen und der Bereitschaft, einander zu helfen. Diese banale Weisheit sollte man allerdings nicht zu genau nehmen. Manchmal führt übertriebene Hilfsbereitschaft zur vollkommenen persönlichen Auflösung.

Ich habe Väter gesehen, die wie Geier die Essensreste ihrer Kinder kontinuierlich wegaßen. Die Kinder waren daran gewöhnt, dass ihr Papa sich ausschließlich von Resten ernährte, und lagerten alles, was auf ihren Tellern blieb, auf den Papa-Teller um. Wenn diese Familie zum Essen ausging, bekam ihr Papa stets den Räuberteller, das heißt einen leeren Teller, auf dem alles landete, was seine Familie nicht herunterkriegen konnte. Er selbst hielt diese Haltung wahrscheinlich für eine tolle Sparmaßnahme, aber auf mich wirkte es wie eine krasse Persönlichkeitsstörung.

Ich habe junge Mütter gesehen, die einen mitten auf die Straße gefallenen Schnuller aufhoben, ableckten und ihrem Kind wieder in den Mund steckten. Verblendet von Kinderliebe nahmen sie die herumlaufenden Hunde und ihre Hinterlassenschaften nicht mehr wahr.

Oft wirken solche Eltern kindischer als ihre Nachkommen. Ein Freund von mir trieb es so weit, dass er sogar die Klamotten seines Sohnes auftrug. Der Sohn wurde schnell größer als sein Papa, also lief Papa auf einmal wie ein durchgeknallter Hipster auf Rente in den Jugendsporthosen und dem Pullover seines Sohnes herum, der inzwischen solide und mit gebührendem Respekt dem Vater sein Bier aus dem Kühlschrank trank und seine Rasierklingen benutzte.

Das sind natürlich Fälle extremer Selbstauflösung, sie kommen bei uns in der Familie nicht vor. Das Einzige, was ich für die Mitglieder meiner Familie noch tue, ist, die Bücher zu Ende zu lesen, die sie aus verschiedenen Gründen liegen gelassen haben, bei denen sie aber unbedingt wissen müssen, was drinsteht. Mir macht das nichts aus, ich habe sowieso die meiste Zeit mit Buchstaben zu tun.

Als mein Sohn, ein wunderbarer Tischtennisspieler, aber kein Vielleser, bei der Vorbereitung zum Abitur eine Liste mit Büchern bekam, die er in den Herbstferien verschlingen sollte, wusste ich sofort, ohne meine Hilfe würde der Junge das wohl kaum schaffen. Die Aufgabe klang wie eine zynische Verhöhnung der Jugend. Ein Siebzehnjähriger sollte in seiner Freizeit Gerhart Hauptmanns Dramen: *Die Ratten* und *Vor Sonnenaufgang* lesen. Es gab keine konkrete Aufgabe bezüglich beider Texte, niemand wusste, worauf der Lehrer mit der Dramenlektüre genau hinauswollte. Es schien, als wäre es der ganze Sinn dieser Aufgabe, der Jugend die Ferien zu versauen. Niemand wäre dafür geeigneter als Gerhart Hauptmann. Die Schüler sollten also ab sofort zu Partys, Mädchen, Bier und Tischtennis tschüss sagen und sozialkritische Dramen aus dem vorigen bzw. vorvorigen Jahrhundert lesen.

»Nichts gegen klassische deutsche Literatur, aber meine Ferien sind versaut«, meinte mein Sohn. »Könntest du vielleicht, Papa, für mich bitte Gerhart Hauptmann lesen und mir sagen, worum es da geht?«

Ich konnte das meinem Kind nicht abschlagen. Soll der Junge doch zu seinen Partys gehen, jung ist man nur einmal im Leben, ich schaffe das, dachte ich leichtsinnig. Aber ich habe den Hauptmann unterschätzt. An den sowjetischen Schulen hatten wir ihn nämlich nicht im Programm. Ich war allerdings einmal in sein Museum auf Hiddensee zu einer Lesung eingeladen gewesen. Hauptmann hatte auf der Insel ein gemütliches Häuschen, bürgerlich eingerichtet mit viel Stein und Porzellan, mit bequemen Möbeln und großem Bad. Ich stellte mir Hauptmann daher als gemütlichen Onkel vor, der gerne viel Zeit auf der Toilette verbrachte.

In seiner Biografie stand jedoch, er sei ein Naturalist gewesen, der gerne seine Finger in die Wunden der Gesellschaft legte, sich politisch äußerte und sozialkritische Dramen schrieb. Er habe dafür großen Ruhm erlangt und den Nobelpreis bekommen. Er sei in guten wie in bösen Zeiten seinem Volk und dem Land treu geblieben, was hieß, dass er wie die meisten durch die drolligen NS-Schurken verblendet wurde, die Loyalitätserklärung der Deutschen Akademie der Dichtung an Hitler unterschrieb und sogar versuchte, in die Partei einzutreten. Doch die Nazis haben ihn damals nicht genommen. Warum wohl? Vielleicht wollten sie auf diese Weise Hauptmann als Pflichtlektüre für die nächsten Generationen erhalten, um den Jugendlichen des 21. Jahrhunderts die Herbstferien zu versauen?

Wäre er auf Hiddensee geblieben, hätte er nach dem Krieg ein kommunistischer DDR-Schriftsteller werden können. Er hatte aber ein Haus in Polen, von dem er dachte, es sei in Deutschland. Die polnische Regierung wollte nach dem Krieg alle Deutschen loshaben, auch die Nobelpreisträger unter ihnen. An dieser Schmach erkrankte Hauptmann und starb im Leid, wie es auch fast alle Helden seiner sozialkritischen Dramen taten. Seine Figuren gingen in der Regel schnurstracks dem Abgrund entgegen, wobei ihnen auch keine charakterlichen Komplikationen Hindernisse in den Weg legten: Wenn Väter, dann Alkoholiker. Wenn Frauen, dann unglücklich verliebt und sich das Leben nehmend. Wenn Kleinkinder, dann erst krank und später tot.

Bei mir schlugen seine sozialkritischen Statements sofort an – bereits nach zwanzig Seiten wurde ich depressiv. Ich las seine Dramen trotzdem zu Ende. Hauptmann erinnerte mich nämlich an meinen eigenen Vater, der auch Naturalist war und eine Vorliebe für gruselige Geschichten »aus dem Leben« hatte. Mein Vater erzählte Furchtbares aus seiner Kindheit, die er in einer kleinen ukrainischen Provinzstadt verbracht hatte. Wenn man seinen Geschichten Glauben schenkte, hatte er die ersten zehn Jahre seines Lebens unter Kannibalen und Mördern gelebt. Er erzählte mir zum Beispiel oft von seiner damaligen Nachbarin, einer armen

Witwe, die als Fleischkuchenverkäuferin auf dem Markt arbeitete und immer wieder ihrer Freundin, einer schweren Alkoholikerin, ihr kleines Kind abkaufen wollte. Angeblich aus Mitleid. Doch die Freundin wollte ihr das Kind nicht anvertrauen, sie unterstellte der Witwe, sie würde es nicht aus Nächstenliebe, sondern aus Mangel an Hackfleisch für ihren Kuchen haben wollen. Der Kuchen hatte nämlich nach dem Tod ihres Mannes noch monatelang merkwürdig süßlich geschmeckt, meinte die schwere Alkoholikerin.

Wäre das nicht ein fix und fertiges sozialkritisches Drama? Doch mein Vater hat seine Erzählung nie aufgeschrieben und dementsprechend auch keinen Nobelpreis bekommen. Er hatte allerdings mehrmals versucht, in die kommunistische Partei aufgenommen zu werden, und war ebenfalls abgelehnt worden. Aber in Polen war er nie gewesen. Insgesamt gesehen war er Hauptmann also eigentlich doch gar nicht so ähnlich. Das alles habe ich meinem Sohn natürlich nicht erzählt, sondern nur was in den Dramen stand, was Sache war.

Meine Tochter Nicole las schon immer viel und gern, vor allem amerikanische Literatur. Sie mochte alles – von den Horrorgeschichten von Stephen King bis zu John Irvings Romanen. Sie kaufte sich immer anspruchsvollere Literatur und scheiterte manchmal an den eigenen Ansprüchen. Früher fragte sie mich, was ich ihr empfehlen könnte: »Irgendetwas Lustiges, aber nicht so wie bei dir, sondern richtige Literatur«, meinte sie. Ich empfahl ihr *Madame Bovary* von Flaubert, *Die Nashörner* von Ionesco und Becketts *Warten auf Godot*.

Bald gingen mir die Empfehlungen aus. Mit der amerikanischen Literatur kannte ich mich nicht besonders gut aus. Sie kam sehr spät zu uns in die Sowjetunion. Erst Ende der Achtzigerjahre bekamen die Menschen die Möglichkeit, Bücher ausländischer Autoren zu kaufen, die keine Kommunisten waren. Die Gier auf diese Literatur endete schnell mit der Enttäuschung darüber. Zuerst schleppten die Leser diese Bücher haufenweise zu sich nach Hause. Sie wollten die amerikanische Gesellschaft näher kennenlernen, denn sehr bald, dachten sie, würde eine ähnliche Gesellschaft auch bei uns in Russland entstehen. Darauf sollte man vorbereitet sein. Mitte der Neunzigerjahre wurde aber klar, dass bei uns etwas anderes entstanden war. Nicht die amerikanische und nicht die europäische Gesellschaft, sondern das, was Karl Marx als »asiatische Produktionsweise« beschrieben hatte: eine Machtvertikale aus Kriminellen, Generälen und Beamten mit einem Despoten an der Spitze. Die Menschen gaben den amerikanischen Büchern die Schuld an ihren Illusionen und schmissen sie weg. Die einst begehrten Bände lagen plötzlich stapelweise am Straßenrand und wurden nach Gewicht – zehn Kilo für einen Groschen – verkauft. Selbst zu diesem Preis wollte sie keiner haben.

Meine Tochter kaufte ihre Bücher bevorzugt ebenfalls auf der Straße, auf Flohmärkten. Sie wusste, dort in den Pappkisten waren die besten, die klügsten Werke zu finden. Manchmal stieß sie auf Bücher, die zwar klug geschrieben, aber blöd zu lesen waren. Dann bekam ich sie von meiner Tochter als Aufgabe. Für ihr Studium des amerikanischen Journalismus kaufte sie sich einen Band von Susan Sontag, *Gesten radikalen Willens,* und schlief nach zwanzig Seiten ein.

»Könntest du, Papa, bitte schnell Susan Sontag für mich durchlesen und mir erzählen, was darin Sache ist?«, bat sie.

Kein Problem, dachte ich, nahm das Buch und machte es mir in der Küche bequem. Es ging um Netzwerke von emotionalen und intellektuellen Sackgassen, die unsere Denkweise bestimmten und jegliches autonomes Dasein jenseits dieser Netzwerke ausschlossen. Susan Sontag schrieb darüber am Beispiel von Filmen, die ich nicht gesehen hatte, und von Theaterstücken, die ich nicht kannte. Sie schrieb, wie der Krieg in Vietnam Amerika verändert hatte und was die kubanische Revolution in Wahrheit war. Sie benutzte unglaublich viele spannende Wörter und Begriffe, die sie zu unverständlichen langen Sätzen verstrickte, um etwas Selbstverständliches auszudrücken.

Ich konzentrierte mich auf den Text und ließ mich von nichts und niemandem ablenken.

Auf Seite 15 überlegte ich, was wir alles nach Teneriffa mitnehmen sollten, falls es klappen würde, dass wir im Februar dort hinflogen. Dieser von langer Hand geplante Urlaub war zwar auch eine intellektuelle Sackgasse, machte aber Spaß.

Auf Seite 17 saß ich im Geiste bereits auf Teneriffa, wurde aber durch unsere Katze abgelenkt und las weiter.

Auf Seite 27 hörte ich, wie heftig die Spatzen auf dem Küchenbalkon herumsprangen. Warum fliegen Spatzen im Winter nicht in den Süden?, überlegte ich und versuchte mir Spatzen im Süden vorzustellen, wurde aber durch die Katze wieder abgelenkt.

Auf Seite 33 war das Vorwort zu Ende, und ich fragte mich, warum der Mensch es nie schaffte, sich selbst in den Ellenbogen zu beißen. Das wäre doch ebenfalls eine Geste des radikalen Willens.

Susan Sontag war eine große Herausforderung. Es hat zwei Wochen gedauert, und am Ende bin ich selbst zu Susan Sontag geworden, eine fleischgewordene Selbstgeißelung Amerikas. Meine Tochter war mit mir zufrieden.

Meine Frau interessiert sich vor allem für Geschichte. Sie liest über die Französische Revolution, über die Entstehung und den Untergang des Osmanischen Reiches oder über die ersten und letzten russischen Zaren. Ihre größte Leseleidenschaft ist die Geschichte der europäischen Monarchien. Sie weiß genau, wer von den Monarchen wen heiratete und wieso. Sie kann Stunden davon erzählen. Die Bücher zu dieser Problematik, je mehr Seiten, umso besser, stapeln sich bei ihr auf dem Nachttisch. Bei solchen Lektüren braucht sie meine Hilfe kein bisschen.

Doch einmal im Monat ruft sie die sogenannte Frauenrunde zusammen. Ihre Freundinnen kommen, rauchen bis tief in die Nacht lange Damenzigaretten auf dem Balkon, trinken leichten Weißwein und reden über wirklich wichtige Dinge wie Kosmetik, Klamotten, Cremes und Verjüngungsmethoden. Sie reden über Blütenpollen, Ginkgo, Palmöl und Gelatine. Dabei erzählt die eine oder andere Freundin auch von einem neuen Buch, das sie gerade gelesen hat, einem aktuellen Gesundheitsratgeber, der endlich Klarheit in die Frage »Wie erringe ich ewige Jugend« bringt. Nach jedem solchen Treffen bestellt meine Frau das entsprechende Buch. Sie will alles wissen, was ihre Freundinnen bewegt. Doch das Buch dann auch zu lesen, dazu hat sie keine Lust. Das Jugendgeheimnis drückt sie mir in die Hand, mit der Bitte, möglichst schnell herauszufinden, was Sache ist.

Ich bin inzwischen ein Profileser für Frauenratgeberliteratur: Man muss mit der Lektüre immer hinten beginnen. Der ganze Kleinkram, die Romantik des Älterwerdens, die launigen Ausrufe der Autorin, dass nicht dein Pass, sondern dein Selbstwertgefühl über dein wahres Alter bestimmt, lasse ich außen vor. Das eigentliche »Geheimnis« wird in der Regel auf den letzten Seiten offenbart – welche Vitamine wie oft geschluckt und was für ein Öl an welcher Stelle eingerieben werden muss. Auch dieses Geheimnis wird niemals auf einer Seite zusammengefasst, sondern auf verschiedene »Programme« aufgeteilt, auf das »Mini-« und das »Maxiprogramm«, das ultimative, das persönliche. All diese Programme setze ich wieder zusammen und unterrichte meine Frau über den Inhalt des Werkes: Blütenpollen, Palmöl, Ginkgo, Hagebutten und Gelatine. Nur Apfelessig mag sie nicht, stattdessen trinkt sie weiter leichten Weißwein, raucht ab und zu mit ihren Freundinnen lange Zigaretten auf dem Balkon und wirkt nach meiner Lektüre total verjüngt.

Meine Frau und der fremde Kater

Hinter jeder Tür wohnen in unserem Haus Tiere. Die rüstigen Rentner im Erdgeschoss pflegen einen sehr alten Schäferhund, das Mädchen mit dem roten Zopf aus dem Seitenflügel hat eine Ratte, der Grieche im vierten Stock hat einen Vogel und frühstückt mit seinem Papagei auf dem Balkon. Unsere Nachbarn von gegenüber haben Mäuse. Wir haben Katzen. Sie wurden vor vielen Jahren über eine Annonce in der russischsprachigen Berliner Zeitung in Marzahn bei einer russischen Großmutter gekauft, die kasachische Siam- und Perserkatzen anbot. Die kasachischen Siamkatzen waren ein wenig anders als die herkömmlichen, sie hatten vor allem viel mehr Fell. Die Großmutter aus Marzahn überzeugte uns jedoch, dass die herkömmlichen Katzen künstlich gezüchtet würden, während die kasachischen die echten, wahren Siamkatzen seien, denn Kasachstan sei deren ursprüngliche Heimat. Deswegen hätten sie auch ein langes Fell, weil in den Bergen Kasachstans der Winter sehr lang sei.

Ich hatte eine andere Theorie.

»Könnte es sein«, fragte ich die Oma, »dass sie langes Fell haben, weil ihre Eltern in Ihrer Küche mit einer Perserkatze Sex hatten? Und nicht wegen der langen Winter in den Bergen?«

»Nein!« Das bestritt die Oma empört, das würde sie doch mitbekommen haben.

Wir haben die Kätzchen genommen und lieben sie über alles. Es sind friedliche Tiere, die jedem Streit aus dem Weg gehen und am liebsten auf einem unserer Sessel schlafen. Manchmal gehen sie allerdings auch im Treppenhaus spazieren. Der Kater hat von uns den Namen Fjodor Dostojewski bekommen, wegen seiner frappierenden Ähnlichkeit mit dem berühmten russischen Schriftsteller. Er hat einen ähnlichen Schnurrbart und einen eindringlichen Blick. Die Katze sollte auf den Namen Marfa hören, tut sie aber nicht.

Ein Stockwerk über uns wohnt meine Mutter, sie hat ebenfalls eine Katze – Wassilissa. Diese Wassilissa ist eine Maine-Coon, auch als Amerikanische Waldkatze bekannt, ein Ungeheuer, dessen ganzer Lebenssinn darin besteht, alles, was sich bewegt, zu jagen und zu fressen. Die meiste Zeit verbringt Wassilissa auf dem Küchenschrank, von wo aus sie ihre Opfer ausspäht. Am liebsten mag sie es, wenn meine Mutter Besuch bekommt, egal von wem. Sie wartet auf einen günstigen Moment, springt dem Besucher dann auf den Rücken und versucht, ihm den Kopf abzubeißen. Leider sind die meisten Köpfe, die meine Mutter besuchen, für die amerikanische Waldkatze zu groß. Sie verschluckt sich, obwohl sie das Maul aufreißt, als wäre sie bei McDonald's.

Meine Mutter bestreitet die mörderischen Neigungen ihres Haustiers hartnäckig. Sie hält Wassilissa für ein nettes, liebevolles Kätzchen, und Wassilissa tut alles, um dieses Image in den Augen meiner Mutter zu behalten. Meine Mutter ist das einzige

Lebewesen, dem sie nicht auf den Rücken springt. Mehr noch, sie lässt sich von ihr streicheln und sogar kämmen! Mir läuft immer kalter Schweiß den Rücken hinunter, wenn ich das sehe. Wassilissa sitzt auf dem Schoß meiner Mutter und lässt sich von dem Kamm quälen, als wäre das völlig normal für sie. Dabei beobachtet sie mich jedoch mit den kalten Augen eines Killers. Ihr Blick sagt: »Wir zwei sehen uns später.« Gott sei Dank geht sie nicht im Treppenhaus spazieren. Ich mag mir gar nicht vorstellen, was passieren würde, wenn unsere lieben pazifistischen Kätzchen auf diese Tötungsmaschine träfen.

Eines Tages rief mich meine Mutter an und meinte, sie habe unseren Dostojewski zu Besuch. Angeblich ist unser kasachischer Siamkater im Treppenhaus herumgelaufen und wurde von einer Nachbarin zu meiner Mutter in den vierten Stock gebracht.

»Ist das Ihr Kätzchen?«

Meine Mutter erkannte unseren Kater sofort, nahm ihn in Empfang und rief bei uns an, damit wir das Tier abholten. Meine Frau wunderte sich sehr. Wie konnte es passieren, dass der Kater alleine spazieren ging? Unsere Wohnungstür war nämlich zu, und an dem Tag hatte noch keiner von uns die Wohnung verlassen. Fjodor Dostojewski war zwar ein kluges, intelligentes Lebewesen, aber doch nicht klug und intelligent genug, um die Wohnungstür hinter sich zuzumachen.

Olga ging nach oben zu meiner Mutter und sah sich die Katze an. Keine Frage, es war ein Dostojewski, aber einer, der mindestens zehn Kilo zugenommen hatte.

»Das ist nicht unser Kater«, sagte Olga.

»Wie, nicht eurer?«, wunderte sich meine Mutter. »Und was mache ich nun mit ihm?«

Wenn die amerikanische Main-Coon-Katze reden könnte, hätte sie sicher gesagt: »Kein Problem, Mutti. Das fette Ding schaffe ich locker zum Frühstück.« Aber sie konnte nicht sprechen, deswegen sagte sie nur »Miau«.

Der fette Dostojewski-Klon fauchte und wurde noch größer. Meine Frau ging zurück in die Wohnung und fand unseren mageren Dostojewski in seinem Lieblingsnest im Kleiderschrank auf frisch gewaschenen Laken liegen.

Irgendjemand im Haus, der wahrscheinlich vor Kurzem eingezogen war, musste ebenfalls einen kasachischen Siamkater besitzen, überlegten wir. Wer könnte das sein? Es hatte tatsächlich vor Kurzem einen Umzug im Haus gegeben: Der Grieche mit dem Vogel hatte seine Wohnung für kurze Zeit einer jungen Frau mit Kind überlassen. Es konnte sein, dass der dicke Fjodor ihr gehörte. Olga klingelte bei der neuen Nachbarin, es war aber keiner da. Meine Mutter bestand inzwischen hartnäckig darauf, dass wir den falschen Dostojewski sofort abholten, auch wenn er nicht uns gehörte. Ihre Waldkatze würde sonst durchdrehen.

Olga holte den zweiten Dostojewski also zu uns. Die Ähnlichkeit der beiden war tatsächlich frappierend. Nicht nur wir Menschen, auch unsere Katze Marfa war wegen des zweiten Dostojewskis verwirrt und entwickelte schnell einen regelrechten Hass auf beide Schriftsteller. Sie bildete sich wahrscheinlich ein, der alte Dostojewski hätte sich geklont, extra um sie zu ärgern. Jetzt lief sein fremd riechender, übergewichtiger Doppelgänger durch die Wohnung, während der alte Schriftsteller sich feige im Schrank versteckte.

Der neue Dostojewski wurde von meiner Frau untersucht, fotografiert und sogar auf die Waage geschleppt. Sie wollte mit Hilfe eines Internetprogramms seinen Body-Mass-Index herausfinden. Es beschäftigte sie die Frage, ob der Kater tatsächlich übergewichtig oder bloß natürlich füllig war. Olga tippte alle erforderlichen Daten ein, doch das Programm weigerte sich, den Body-Mass-Index zu berechnen. Bei der Größe 57 cm und einem Gewicht von 15 Kilo gab es immer wieder zu bedenken: »Ein solches Lebewesen existiert nicht.« Das Lebewesen existierte aber sehr wohl, es lief durch die Wohnung, miaute die Tür an, wollte raus an die frische Luft und boykottierte unser Trockenfutter.

Jede halbe Stunde lief Olga nach oben, um bei den neuen Nachbarn anzuklopfen. Erst gegen Abend schaute die Frau aus dem Obergeschoss bei uns vorbei. Es war tatsächlich ihr Kater – Kennedy hieß er. Die Nerven lagen inzwischen bei allen Katzen blank. Noch eine ganze Woche lang wollte Marfa nichts von Fjodor hören und sehen. »Geh zu deinem Klon!«, sagte sie nur. Die Amerikanische Waldkatze meiner Mutter setzte sich jeden Morgen nach dem Frühstück vor die Wohnungstür, in der Hoffnung, dass noch mal ein Schriftsteller vorbeikäme. Und unser Dostojewski beschloss, den Kleiderschrank nicht mehr zu verlassen. Denn nichts kann einen Autor schlimmer treffen, als sich eines Tages selbst im Treppenhaus zu begegnen.

Olgas Kampf mit Brennnesseln und Staren auf dem Dach

Seit einiger Zeit stehen wir Menschen mit der Natur auf Kriegsfuß. Angeblich sind die monotheistischen Religionen daran schuld. Als die Menschen sich noch von heidnischen Göttern umzingelt sahen, benahmen sie sich zurückhaltender. Sie hatten Bedenken, auch nur einen Stein umzusetzen oder nur einen Baum zu fällen. Denn zu jedem Baum gehörte ein strenger Holzgott, und unter jedem Stein hielt ein Steingeist Wache. Die Menschen waren eine Minderheit auf dem mit übernatürlichen Wesen bevölkerten Planeten. Eingeklemmt zwischen Geistern und Dämonen mussten sie sich diplomatisch und zurückhaltend benehmen. Es bedurfte vieler Kompromisse, Opfer und Zugeständnisse, bis man alle Götter friedlich gestimmt hatte. Wir waren Gäste in einer fremden Welt und fragten fast immer höflich nach, ob wir die Stille der Nacht, das Licht der Sonne oder die Frucht vom Baum nehmen dürften.

Mit der Zeit wuchs allerdings die menschliche Frechheit, die Zahl der Götter wurde auf die notwendigsten reduziert. Die Menschen fühlten sich immer sicherer. Sie betrachteten die Erde nicht mehr als heilige Stätte, sondern als Werkstatt, in der sie als freischaffende Selbstständige nach Herzenslust experimentieren durften. Seitdem versuchen sie unermüdlich, die Welt zu verbessern, sie umzukrempeln und nach eigenem Belieben zu gestalten.

In unserem brandenburgischen Garten, also diesseits von Eden, treten wir der Natur nicht auf die Füße. Und wenn, dann nur in Ausnahmefällen. Wir wissen, dass viele Blumen und Pflanzen, die wir gern in unserem Garten hätten, in der Natur Brandenburgs keine Chance haben. Für viele Gewächse ist der Brandenburger Boden zu sandig und zu sauer, für die meisten Exoten gibt es hier nicht genug Sonne, andere werden von einheimischen Insekten gefressen. Doch eine Pflanze wächst hier prächtig. Sie erobert Jahr für Jahr neue Flächen und erreicht an manchen Stellen übermenschliche Höhen. Das ist die Brennnessel.

Die Entscheidung der Natur, uns auf einer Brennnesselplantage zu platzieren, können wir nicht akzeptieren. Ich weiß, dass die Stiche dieser Pflanze das Immunsystem stärken, dass man aus Brennnesseln sogar eine leckere Suppe kochen kann und dass sie den Boden verbessert. Also sollten wir uns doch freuen. Olga mag aber Brennnessel nicht. Sie versucht, die Pflanze nach Möglichkeit zu entfernen und sie durch Meerrettich zu ersetzen, den unsere Kinder sehr mögen und der ebenfalls gut in Brandenburg gedeiht. Olga will keine Chemie gegen die Brennnesseln einsetzen. Mit dicken Handschuhen gewappnet zieht meine Frau die Pflanze immer wieder aus der Erde. Sie glaubt, nach ein paar Jahren würden die Brennnesseln von allein verschwinden, wenn sie merken, dass sie hier nicht willkommen sind. Aber die Brennnessel zeigt Ausdauer.

Mit der Tierwelt Brandenburgs hatten wir anfänglich nur

Freude. Sie war Musik in unseren Ohren – allerdings eine, die gegen Abend etwas laut wird. Auf der Veranda sitzend hören wir dann, wie ein Frosch, ein Kuckuck und die Kuh des Nachbarn in einem unglaublich rhythmischen Zusammenklang sehr gekonnt Musik machen. Der Kuckuck gibt den Takt vor, die Frösche sind für die Leidenschaft zuständig, und die Kuh sorgt in minutenlangen Abständen für die Töne, die in meiner Vorstellung die Schwere des Lebens ausdrücken sollen. Dieses Brandenburgische Konzert diente uns lange Zeit als unvermeidlicher Übergang von den Unruhen des Tages zu den Wonnen des Abends. Wir haben uns an diese Musik gewöhnt.

Eines Tages wurde das Brandenburgische Konzert jedoch durch störende Geräusche bereichert, die den ganzen Rhythmus durcheinanderbrachten. Das Verwirrende daran war: Die Geräusche kamen aus unserem eigenen Haus – vom Dach. Meine Frau kletterte nach oben und bestätigte, dass wir nicht mehr allein im Haus wohnten, sondern eine Starenfamilie auf dem Dach hatten. Ihr Häuschen war unsichtbar zwischen den Dachziegeln versteckt. Wir hörten sie nur und sahen zu, wie sie Futter für ihre Kindchen heranschafften. In großer Eile vermehrten sich die Stare, und nach wenigen Tagen waren sie bereits in der Überzahl. Auf einmal hatten wir ein Dutzend Vögel auf dem Dach, die kackten, als wären es hundert. In kürzester Zeit waren die Fenster unseres Hauses mit Vogelkacke bekleckert, und auch das Dach veränderte seine Farbe. Außerdem fand nun das allabendliche Brandenburgische Konzert nicht mehr statt.

Olga überlegte, wie sie die Stare verscheuchen könnte. Sie sprach mit den Nachbarn darüber. Sie las Bücher über diese Vögel, deren wissenschaftlicher Name »Sturnus vulgaris« war, sie schaute im Internet nach. Vor allem beschäftigte sie die Frage, wieso die Vulgaris ausgerechnet unser Dach und nicht das des Nachbarn zur ihrer Wahlheimat erkoren hatten. Das Dach des Nachbarn wirkte schließlich viel größer und in jeder Hinsicht ansprechender.

»Wäre ich ein Star, hätte ich das Nachbardach gewählt«, meinte Olga. Vielleicht verfügten die Nachbarn über ein geheimes Wissen, wie sich die Vulgaris vom Dach fernhalten beziehungsweise entfernen ließen, dachte sie. Die Nachbarn wollten jedoch ihr geheimes Wissen nicht preisgeben. Sie schüttelten nur den Kopf und meinten, bei Staren könne man nie wissen, wessen Dach sie nahmen. Wir sollten uns Taubenabwehr besorgen und Stacheldraht auf dem Dach anbringen, meinten sie.

»Aber wie sieht denn dann mein Häuschen aus? Wie ein Knast!«, meinte meine Frau.

Wir riefen alle Freunde an, damit sie uns bei der Starenbekämpfung unterstützten.

»Ich würde es mit einer hässlichen Vogelscheuche versuchen«, meinte unser Freund, der Künstler Alexander. Er fertigte einen grauenvollen großen Vogel an, eine Mischung aus Krähe und Pinguin, kletterte aufs Dach und befestigte dort eigenhändig das Ungeheuer. Die Stare sollten nach Alexanders Prognose vor lauter Schreck bewusstlos vom Dach fallen. Doch die Stare waren mit der Aufzucht ihrer Kindchen dermaßen beschäftigt, dass sie den Pinguin gar nicht beachteten und in wenigen Stunden voll-geschissen hatten. Dadurch verlor die Vogelscheuche jeden An-flug von Grausamkeit. Sie stand auf dem Dach wie das Denkmal für einen hoffnungslos verlorenen Krieg.

Unser Freund Nikolai tendierte dazu, mit dem Luftgewehr auf die Stare zu schießen. Sein Vater hatte als Offizier in der sow-jetischen Armee gedient, und der Junge war in einer Kaserne aufgewachsen, weswegen er sich nur das Gewehr als ultimative Lösung für alle Probleme vorstellen konnte. Nach langem Über-legen verzichtete Olga jedoch auf dieses Angebot. Die Stare wa-ren ein sehr kleines und viel zu bewegliches Ziel, sie hätten sich außerdem leicht zwischen den Dachziegeln vor den Kugeln ver-stecken können. Wir dagegen waren viel langsamer als die Stare und könnten uns nicht so gut verstecken. Wer weiß, was im Kopf von Nikolai vor sich gehen würde, wenn er die Vögel nicht traf.

Meine Frau sucht oft in Verkaufskatalogen Antworten auf die wichtigsten Fragen des Lebens. Und gelegentlich findet sie die-se Antworten dort auch. Sie blätterte also im Gartenkatalog und fand dort eine Waffe, die wir nach ihrer Meinung erfolgreich ge-gen die Stare einsetzen konnten: einen Wasserhochdruckreini-ger. Im Grunde eine Wasserkanone, ähnlich denen, die von der Polizei gegen Demonstranten eingesetzt werden. Wir bestellten das Gerät und überlegten unsere Strategie: Der Angriff sollte von zwei Seiten erfolgen.

Zu der entscheidenden Schlacht wurden die Helfer Alexander und Nikolai eingeladen. Um 13.00 Uhr ging es los, die Stare waren völlig überrumpelt. Nach zwei Stunden hatten wir wieder ein sauberes Haus, sogar die Fenster glänzten. Von irgendwelchen Staren keine Spur. Zum ersten Mal seit Wochen hatten wir Abendruhe. Wir machten eine Flasche Rotwein auf und hörten das Brandenburgische Konzert. An der pathetischsten Stelle, wo die Kuh die Schwere des Lebens ins Spiel bringt, fiel mir Vogelkacke ins Weinglas.

Die Stare waren zurück.

»Das kann doch nicht wahr sein, dass sogar eine Wasserkanone, die riesige Demos wegspült, gegen diese kleinen Vögel machtlos ist. Die kommen immer und immer wieder!«, regte sich meine Frau auf.

»Die Demos doch auch«, bemerkte Alexander philosophisch.

Nymphomaniac

Menschen werden oft Opfer von Ängsten und Phobien. Manche trauen sich nicht bei Sonnenlicht aus dem Haus, andere können alte Zeitungen nicht wegschmeißen und machen aus ihrer Wohnung eine Mülldeponie. Meine Frau und ich fürchten uns vor neuen Filmen. Sie sind in der Regel so bunt und laut, als wollten sie uns blind und taub machen. Wir sind beide in der Sowjetunion aufgewachsen, wo die Filme langsam und still waren: Sie spielten außerdem meistens in dunklen Räumen, in Küchen und Kellern, im Wald und unter Büschen. Besonders dunkel waren die Verfilmungen ausländischer Krimis. Der russische Sherlock Holmes zum Beispiel konnte eine halbe Stunde lang im Schaukelstuhl mit Pfeife hinter heruntergelassenen Jalousien sitzen und laut nachdenken, bevor er mit einer Kutsche zum Ort des Verbrechens fuhr. Dabei schaute er nie aus dem Fenster, denn die sozialistischen Filmstudios hatten Schwierigkeiten, die Landschaften des Westens nachzustellen.

Ich möchte an dieser Stelle nicht behaupten, diese langsamen, dunklen Filme wären toll gewesen, aber die Gewohnheit wird einem bekanntlich zur zweiten Natur. Unser Filmgeschmack wurzelt in der Vergangenheit. In unserem Freundeskreis dagegen sind viele, die sich für modernes Kino interessieren beziehungsweise selbst mit derartigen Filmproduktionen zu tun haben. Und wenn sie alle über Lars von Trier sprechen, müssen wir mitreden können, allein schon aus Höflichkeit.

Einmal wurden wir zu einer Party eingeladen, bei der die Darstellerin aus dem letzten Film von Lars von Trier, Charlotte Gainsbourg, anwesend sein sollte. Kurzerhand beschlossen wir, uns ihren Film »Nymphomaniac« zu Hause anzuschauen. Wie immer, wenn ich schnell einen Film finden möchte, ging ich auf eine der russischen Piratenseiten. Die haben alle europäischen Filme im Angebot, noch bevor sie überhaupt in Europa ausgestrahlt werden. Gut, die Kopien sind vielleicht nicht von bester Qualität, man sieht bisweilen die Köpfe der Zuschauer in den vorderen Reihen, manchmal hört man sogar blöde Sprüche, die sie äußern. Außerdem sind die Filme in russischer Fassung oft schlecht übersetzt, und alle Figuren reden mit der gleichen Stimme. Doch in »Nymphomaniac« erwartete ich ohnehin keine langen Diskussionen. Ich fand den Film auch sofort im russischen Netz, sogar in passabler Qualität. Vor den Film hatten die Russen allerdings jede Menge Werbung gehängt, in der es um chirurgische Eingriffe ging, um die Suche nach einem ästhetischen Ideal, einer körperlichen Perfektion. Genau genommen ging es um die Vergrößerung, Verkleinerung und Verlängerung verschiedener Körperteile.

Wir machten es uns vor dem Fernseher bequem und konzentrierten uns auf die Handlung. Es ging um eine junge Frau, die

sich schon sehr früh von Menschen des anderen Geschlechts an-
gezogen fühlt: von einem Gärtner, einem Elektriker, dem Mann
vom Schlüsseldienst … Sie wusste aber nicht, ob es sich lohn-
te, noch andere näher kennenzulernen. Also sprach sie mit ihrer
Oma darüber, wie man das am besten herausfand, und die Oma
sagte:

»Mein Kind, du solltest alles ausprobieren, bevor du etwas
ablehnst.«

Daraufhin probierte das Mädchen drei Stunden lang alles aus.
Das heißt alles, was ihr über den Weg lief, umarmte sie kräftig.
Immer wieder ging sie zu ihrer Oma und erzählte der, was ge-
schehen war. Die Oma hörte zu und gab ihr manchmal kuriose
Ratschläge, was sie noch ausprobieren könnte.

In meiner Jugend redeten wir gerne über Sex. Meine damalige
Freundin meinte sogar, darüber zu reden sei fast genauso aufre-
gend, wie es zu machen. Doch über eigene Abenteuer zu reden
ist das eine, fremden Schauspielern zuzuschauen, wie sie sich vor
der Kamera abrackern, ist etwas anderes. Unsere Teenager-Kin-
der kamen immer wieder ins Zimmer und schüttelten den Kopf.
Sie wunderten sich, dass ihre Eltern derart stur drei Stunden lang
einen Porno kucken konnten mit einem Gesichtsausdruck, als
wären sie gerade beim Zahnarzt gewesen.

Ich versuchte den Kindern zu erklären, dass es sich hier um
einen Kunstfilm, einen melancholischen Streifen über die Un-
möglichkeit der Liebe handelte. Dass es darum ging, dass die
Menschen, ganz egal, wie fest sie sich aneinanderpressten, trotz-

dem einander fernblieben und im Grunde ihr Leben lang allein waren. Es hat mich bloß gewundert, wieso Frau Gainsbourg auf einmal eine Blondine war. Ich hatte sie dunkel als Brünette in Erinnerung.

Am nächsten Abend gingen wir zu der vornehmen Filmgesellschaft. Wir kamen auf Lars von Trier zu sprechen. Ich sagte, die Bedeutung der Großmutter in seinem letzten Film sei mir völlig rätselhaft geblieben, ihre Stellungsratschläge hätte ich unpassend gefunden.

»Welche Großmutter?«, wunderten sich alle in der Runde. Es gäbe gar keine in diesem Film. Es gäbe nur einen Vater, behaupteten sie.

Schon bald musste ich feststellen: Meine Frau und ich, wir hatten den falschen Film gesehen (danke, Russen!) – irgendeinen blöden Porno mit einer Blondine statt eines Kunstwerkes über das Leiden einer Brünetten, den die Russen unter demselben Titel ins Netz gestellt hatten. Das ergab einige peinliche Minuten. Ich hatte Farbe im Gesicht. Später haben wir uns den richtigen Lars von Trier angeschaut, wobei wir zu dem Schluss kamen, so viel schlechter war die Blondine auch nicht.

Meine Frau und die berüchtigte Teelöffeltheorie

Nach vielen Gesprächen mit der jüngeren Generation und einem anstrengenden Studium des deutschen Fernsehprogramms bin ich zu dem Schluss gekommen, dass das allgemeine Bildungsniveau in Europa in der letzten Zeit enorm gestiegen ist, wenn auch ziemlich einseitig. Ob im Dschungelcamp oder bei den Quizsendungen, überall sah ich Menschen, die viel wussten, aber nichts verstanden. Das macht die Welt, in der wir leben, noch unheimlicher als zuvor, da wir noch nichts wussten, aber alles zu verstehen glaubten.

Und die Wissenschaft gibt langsam auf. Sie kann und will unsere Fragen nicht beantworten. Wo war denn diese Elektrizität, bevor sie entdeckt und in die Steckdose geleitet wurde? Mit welchem Klebstoff ist denn das endlose Universum am Himmel angeklebt worden und von wem? Warum fallen Butterbrote immer mit der Butterseite nach unten? Da verzieht die Wissenschaft das Gesicht und fuchtelt mit den Händen: »Bleibt mir vom Leib, geht ins Dschungelcamp!«, sagt sie nur.

Ich bin in einer sozialistischen Welt aufgewachsen, die vollkommen von der Wissenschaft aufgeklärt worden war. Wenn bei uns jemandem etwas Unheimliches begegnete, schämte er sich, darüber in der Öffentlichkeit zu berichten. Mein Vater hatte zum Beispiel einmal als junger Mann nachts am Strand von Odessa einen Außerirdischen getroffen. Dieser war ziemlich klein und hatte rote Augen. Der Außerirdische erklärte meinem Vater sehr schnell die Theorie vom Raum-Zeit-Kontinuum. Er meinte, der Mensch lebe nicht linear von der Geburt bis zum Tod, sondern gleichzeitig auf verschiedenen Ebenen, die er mit seinen eigenen Erfahrungen und Erlebnissen markieren und auf denen er sich hin und her bewegen konnte, je nachdem, wie er Lust hatte. Irgendwo zwischen den Ebenen habe jeder seine persönliche Zeit-Raum-Haltestelle, wo die Reise begann und endete, wo er, anstatt zu sterben, andocken und neue Energien tanken konnte. Der Außerirdische war bereit, meinem Vater seine Haltestelle sofort zu zeigen. Dafür verlangte er von ihm fünfundzwanzig Rubel und zwei Zigaretten.

Mein Vater hatte einerseits große Lust auf die Haltestelle, konnte allerdings dem Außerirdischen nichts geben. Er hatte kein Geld dabei und war auch nicht nüchtern genug, um die Einzelheiten der Theorie zu begreifen. Offensichtlich enttäuscht, meinte der Außerirdische, wenn alle Erdbewohner solche Geizkragen wie mein Vater seien, habe dieser Planet auf längere Sicht keine Chance. Danach löste er sich im Meer auf. Mein Vater schämte sich fürchterlich für sein Versagen. Er sprach darüber aber nur im engsten Familienkreis, weil er Angst hatte, als psychisch labil abgestempelt zu werden. Bis zum Ende seines Lebens ist er jedoch ein glühender Anhänger der Raum-Zeit-Theorie geblieben und suchte verzweifelt nach der Haltestelle, fand sie aber nicht.

Ich bin zeit meines Lebens einer anderen peinlichen Theorie verfallen, die allerdings eher eine Erkenntnis ist, für die ich nur keine Erklärung habe. Das bleibt jetzt aber wirklich unter uns. Mich beschäftigt nämlich die unheimliche Sockentheorie. Mein Leben lang wurde und werde ich von einer ungeraden Sockenanzahl verfolgt. Es sind immer drei, fünf oder sieben Socken, die ich nach Durchsuchung der Wohnung finde. Aber niemals zwei. Auch wenn ich alle Socken wegwerfe und neue, natürlich paarweise, kaufe, sind sie spätestens nach einer Woche nur noch in ungerader Zahl da. Mehrmals habe ich schon versucht, meine Frau in eine Diskussion darüber einzubeziehen, doch sie forscht bereits an ihrer eigenen, nicht weniger brisanten Hypothese, der berüchtigten Teelöffeltheorie.

Als wir nach Deutschland kamen, waren wir wie Neugeborene, wir hatten keine Sprache, kein Geld und keine Arbeit. Wir hatten nicht einmal Geschirr. Wir haben Teile eines Services von einer deutschen Familie geschenkt bekommen, denn meine Frau hatte aus Russland nur eine altrussische Pfanne mitgebracht, die noch ihre Oma im Kaukasus benutzt hatte – wahrscheinlich mehr als Waffe denn zu kulinarischen Zwecken –, und dazu noch einen Jubiläumslöffel mit der Aufschrift »30 Jahre Juri Gagarin – erster Mensch im Weltall«. Den Rest unseres Geschirrs klauten wir uns in der Universitätskantine oder in einer Pizzeria auf dem Berg neben unserer Wohnung und kauften es für ein paar Groschen bei Trödlern auf dem Flohmarkt.

Später kamen die Sprache, die Arbeit, das Geld. Als das Leben immer besser wurde, wollte meine Frau als Erstes anständiges Geschirr besorgen. Eine Freundin von uns handelte mit Otto-Katalogen, sie verkaufte diese dicken Wälzer nach Russland. Die Russen konnten damals zwar aus diesen Katalogen nichts bestellen, aber sie waren für sie eine angenehme Lektüre, und sie konnten sich mit anderen über verschiedene Otto-Angebote austauschen. Daher waren sie auch bereit, für diese Kataloge Geld auszugeben, die in Deutschland kostenlos neben Briefkästen und in Treppenhäusern lagen – man musste nur die richtigen Orte kennen. Unsere Freundin sammelte die Kataloge ein und verfrachtete sie in die alte Heimat. Ihre Wohnung war das reinste Sammellager. In einem solchen Katalog fand meine Frau ihr erstes Service, ein Sonderangebot aus hundert Teilen, dazu ein 24-teiliges Besteck und sechs Teelöffel.

Wir hatten oft Besuch. Einmal kamen acht Gäste zum Tee, wir hatten aber nur sechs Otto-Löffel und einen Gagarin. Ein Gast musste ohne Teelöffel auskommen. Wir kauften nach – meine Frau besorgte noch vier weitere Löffel. Nach einiger Zeit kamen elf Gäste zum Tee, und wieder bekam einer keinen Löffel. Wie konnte das sein, wo wir doch genau elf haben müssten?

Ab da bemerkte meine Frau, dass Teelöffel verschwanden. Anfangs wollte sie mit niemandem darüber reden. Sie hielt es für ihr eigenes Versehen, für einen Unfall vielleicht. Sie ging zu Tchibo, wo Teelöffel auch einzeln nachzukaufen waren, und kaufte immer mal wieder ein paar neue dazu. Doch es wurden nicht mehr. Olga suchte nach Erklärungen für dieses Phänomen. Die Kinder wurden verhört, ob sie vielleicht Löffel mit in die Schule nehmen würden. Die Schwiegermutter wurde ausgefragt, die Katzen genau beobachtet. Doch alle sagten ein klares »Nein« zu den Teelöffeln.

»Entweder haben wir einen Hausgeist, der sich von den Teelöffeln ernährt, oder ich bin verrückt geworden!«, meinte meine Frau.

Sie war am Verzweifeln, wusste jedoch nicht, was sie dagegen tun konnte. Sie wollte keine schlechte Gastgeberin sein, die zu wenig Teelöffel hat, kaufte immer wieder neue dazu und erzählte es nicht weiter. Gleichzeitig forschte sie im Internet nach einer möglichen Erklärung.

Eines Tages wurde sie fündig. Auf der Seite einer britischen Medizinzeitschrift fand sie den wissenschaftlichen Bericht des *Australischen Nationalinstituts für psychische und physische Gesundheit.* Es ging darin um die Teelöffeltheorie. Das Problem schien nicht nur uns anzugehen – überall auf der Welt verschwanden Teelöffel. Auch in Melbourne. Bereits 2005 veröffentlichte das Institut spektakuläre Ergebnisse einer Studie: Auf den Tischen aller Mitarbeiter des Instituts wurden siebzig gekennzeichnete Teelöffel ausgelegt. Man konnte sie auf keinen Fall mit den Löffeln verwechseln, die alle Mitarbeiter des Instituts früher von zu Hause mitgebracht hatten oder die bereits im Institut vorhanden waren. Innerhalb der nächsten fünf Monate wurde der Bestand an neuen, gekennzeichneten Löffeln regelmäßig geprüft. Die Wissenschaftler konnten feststellen, dass die Halbwertszeit der Teelöffel 81 Tage betrug. Innerhalb dieser Zeit löste sich die Hälfte der Teelöffel im Institut auf. Insgesamt waren in der Zeit des Experiments 56 Teelöffel verschwunden. Im Institut arbeiteten 140 Mitarbeiter. Wenn man also den Anteil der verschwundenen Löffel auf die gesamte Bevölkerungszahl der Stadt Melbourne umrechnete, kam man auf erschreckende Ergebnisse. Jährlich müssen in der Stadt achtzehn Millionen oder 360 Tonnen Teelöffel verschwinden. Weniger als zehn Prozent der Löffel tauchen irgendwann wieder auf. Es muss also irgendwo auf Erden oder im Weltall einen Ort geben, wo alle verschwundenen Socken und Teelöffel landen. Ich hoffe, das ist nicht die Zeit-Raum-Haltestelle meines Vaters.

Wir haben die Teelöffeltheorie mit Begeisterung gelesen. Es ist beruhigend, in einer Welt zu leben, die von der Wissenschaft ganz und gar aufgeklärt ist. Seltsam ist nur: Nachdem Olga die Theorie einmal im Freundeskreis preisgegeben hatte, verschwanden keine Löffel mehr. Aber die Anzahl unserer Gabeln sinkt seitdem. Niemand kann das erklären. Wir schreiben demnächst einen Brief nach Melbourne, denn eine Küchengabeltheorie konnten wir bis jetzt nirgends finden.

Ein Haus ohne Katze ist wie ein Bett ohne Matratze

Die dunkelgrüne Ledergarnitur in unserem Gästezimmer hat sich über die Jahre als der gemütlichste Ort für Familientreffen behauptet. Mit etwas Anstrengung passen alle auf das große Sofa vor dem Fernseher: der Mann mit der Rotweinflasche, die Tochter mit dem Strickzeug, der Sohn mit den Gummibärchen, obendrauf die beiden Katzen. Im Lauf der Zeit ist der Platz auf dem Sofa jedoch immer mehr geschrumpft. Entweder haben die Katzen zugenommen, oder die Kinder sind groß geworden. Sie wachsen nicht planmäßig, mal langsam, mal schnell, sodass sie plötzlich nicht mehr aufs Sofa passen und immer wieder herunter auf den Teppich rutschen.

Das ist wahrscheinlich der richtige Zeitpunkt, um loszulassen, dachte ich: Wenn die Kinder nicht mehr aufs Sofa passen. Zehnmal auf den Teppich gefallen, bekommen sie vielleicht Lust, selbstständig zu werden, auszuziehen und ein eigenes Zuhause zu gründen. Es könnte aber auch so kommen, dass sie auf dem Teppich vor dem Sofa liegen bleiben und nicht ausziehen. Nee, sagen sie, lass mal. Wir leben ja schließlich in einer Demokratie. Man darf doch mindestens bis zum Alter von 26 auf dem Teppich bleiben.

Kurz vor Weihnachten entschied sich unsere zwanzigjährige Tochter dann doch gegen den Teppich und für die Selbstständigkeit. Sie hatte Glück, eine kleine eigene Wohnung in Berlin zu einem akzeptablen Preis zu finden.

»Ja«, sagte die Tochter, »ich bin nun schon zwanzig Jahre alt, die Zeit der leichtsinnigen Jugend ist vorbei. Ich ziehe bei den Eltern aus, ich will ein eigenständiges Leben führen. Ich weiß zwar nicht, was dieses eigenständige Leben für einen Sinn haben soll, aber ich mache das. Einmal die Woche möchte ich trotzdem zu euch zum Essen kommen, um meine sozialen Kontakte in der Familie zu pflegen. Einmal die Woche komme ich außerdem, um Wäsche zu waschen, weil ihr eine sehr gute Waschmaschine habt. Und zweimal die Woche komme ich, um die Katzen zu streicheln, sonst werden sie ohne mich verwildern.«

»Unter solchen Umständen brauchst du gar nicht auszuziehen«, sagte ich zur Tochter. »Dann kannst du gleich hierbleiben. Zum Essen kommen geht klar, eine Waschmaschine können wir dir sponsern, aber Katzen streicheln können wir auch selbst. Wir schaffen das, da brauchst du dir keine Sorgen zu machen. Und Hand aufs Herz, muss nicht jeder erwachsene Mensch eigene Katzen zum Streicheln haben? Ein altes russisches Sprichwort sagt: Ein Haus ohne Katze ist wie ein Bett ohne Matratze.«

Die Tochter überlegte und stimmte zu. Die Idee, eigene Katzen zu haben, beflügelte sie. Auf einmal bekam das selbstständige Leben einen Sinn. Nur, wo fand man die richtige Katze zum Verlieben? Im Internet? Die ganze Familie half Nicole beim

Katzenkauf und ärgerte sich über die Tierspekulanten. Auf eBay waren die Katzen teuer und überzüchtet. Es wurden Wucherpreise verlangt. Besonders meine Schwiegermutter, die gerade aus dem Kaukasus zu Besuch gekommen war, regte sich auf. Allein die Vorstellung, dass es Menschen gab, die bereit waren, für eine Katze in harter Währung zu zahlen, machte sie sprachlos.

»Für eine Britisch Kurzhaar 400 Euro? Die haben wohl nicht alle Tassen im Schrank!«, schimpfte sie. »Bei uns im Kaukasus wohnen neben jeder Mülltonne Britische Kurzhaare für umsonst. Ich hätte euch jede Menge davon mitbringen können!«

»Am besten, ihr nehmt eine Katze aus dem Tierheim«, empfahl uns unser Brandenburger Dorfnachbar Mathias, ein pensionierter Tierfreund und Kenner. Mathias hatte mit seiner Frau Christine lange Zeit ein Tierheim in Bayern geleitet, bevor die beiden in Rente gingen und nach Brandenburg zogen. Immer wieder überraschten sie uns mit ihren Kenntnissen über Vierbeiner, Vögel und Pflanzen. Sie hatten Ahnung, auf sie sollten wir hören.

»Wir haben in unserem Berufsleben tausend Katzen geholfen, ein neues Zuhause zu finden«, prahlte Mathias. »Ich weiß, wie das geht. Bloß jetzt über Weihnachten und Silvester braucht ihr dort gar nicht anzurufen, die Tierheime werden bestimmt zu sein. Sie schließen traditionell um diese Jahreszeit, um ihre Tiere vor unüberlegten menschlichen Handlungen zu schützen. An Weihnachten, dem fröhlichsten aller Feste, bekommen es viele mit der Schwermut zu tun. Das Leben scheint keinen Sinn zu haben, also gehen sie ins Tierheim und holen sich eine Katze. Nach Silvester aber, wenn sich die seelische Unruhe auflöst und der Alltag wieder einkehrt, bringen sie die Katze zurück. Um dem Menschen und dem Tier diese Peinlichkeit zu ersparen, haben die Tierheime in der Regel zwischen Weihnachten und Silvester zu. Erst wenn das ganze Feuerwerk vorbei ist, machen sie wieder auf. Dann fahrt ihr hin, geht rein, und die erste Katze, die Nicole entgegenläuft, wird die richtige sein. So einfach ist das!«, behauptete Mathias.

Wir glaubten unserem Nachbarn aufs Wort, riefen aber trotzdem zur Sicherheit beim Berliner Tierheim in Marzahn an. Sie hatten tatsächlich bis zum 5. Januar geschlossen, wie Mathias es vorausgesagt hatte. Über die Feiertage haben wir unsere Tochter kaum gesehen, sie bereitete ihre Wohnung für den Einzug der Katzen vor, überlegte, wo sie das Katzenklo am besten hinstellen könnte, und kaufte Futter auf Vorrat.

Am 5. Januar schlug die Katzenstunde. Am frühen Morgen fuhren wir ohne Frühstück los. Das Berliner Tierheim befindet sich am Ende der Welt in einem Neubaugebiet, wo die Häuser wie Kreuzfahrtschiffe aussehen – sehr lang und mit tausend kleinen Fenstern an den Seiten. Manche Kabinen haben auch Balkone. Es schneite stark, niemand kam uns aus dem Tierheim entgegen. Das war auch technisch gar nicht möglich. Vielleicht hatte unser Nachbar Mathias in Bayern ein kleines Tierheim geleitet, wo die Tiere frei herumliefen. In Berlin ähnelte das Tierheim einem riesigen Zoo mit Schwerpunkt Kaninchen und wenig Exotik. Die Zoo-Bewohner waren ausschließlich von Menschen sitzengelassene Vierbeinern, Vögel und Reptilien.

Wir liefen so schnell es ging an endlosen Ställen mit Kaninchen vorbei, die mit roten Augen zu uns schielten. Sie suchten Blickkontakt. Sie wollten uns sagen: »Muss es unbedingt eine Katze sein? Nehmt lieber Kaninchen! Wir werden euch nicht die Tapeten zerkratzen und nicht den Teppich beschmutzen! Wir werden euch glücklich machen und all eure Wünsche erfüllen!«

Die obdachlosen Kaninchen waren sehr nett, aber wir wollten ja keine Kaninchen, sondern eine Katze. Oder zwei. Mathias meinte, am wohlsten fühlten sich Katzen zu zweit. Wenn sie Gesellschaft hätten, bekämen sie einen milden Charakter. Also liefen wir schnell an den anderen Tieren vorbei. Es ist kaum vorstellbar, was die Menschen alles im Tierheim abgeben: Chinchillas, Ratten, Mäuse, Schildkröten … Gott sei Dank mussten wir nicht an den ganzen Hunden vorbei.

Die Katzen saßen in sterilen Räumen mit weißen Fußböden und Glaswänden. Sie hatten alles nur Denkbare, was eine Katze brauchen konnte: jede Menge Futter, Katzenklos, Kratzbäume, Katzenhäuschen, Spielzeug. Sie waren alle sterilisiert, geimpft, entlaust, entwurmt und gechipt. Das Einzige, was sie nicht hatten, war jemand, der sie liebte. Einige von ihnen hatten auch rote Augen wie Kaninchen. Vielleicht lag das aber an der Beleuchtung im Tierheim.

Die Katzen wirkten nervös. Kein Wunder, dachten wir. Die meisten Tiere in diesem Heim hatten wahrscheinlich früher mit den falschen Menschen Kontakt, mit Leuten, die sie nicht gut behandelt haben, und davon haben sie ein psychisches Trauma davongetragen. Sie waren misstrauisch uns gegenüber. Niemand miaute uns an, niemand suchte Blickkontakt, niemand lief uns fröhlich entgegen. Auch die Mitarbeiterinnen des Heimes hatten rote Augen – vielleicht von der Silvesterfeier, oder lag es tatsächlich an der Beleuchtung? Sie suchten ebenfalls keinen Blickkontakt mit uns und taten so, als wären sie äußerst beschäftigt. Vielleicht waren auch sie früher mit falschen Menschen in Kontakt und dadurch traumatisiert?

Wir nutzten unsere Unsichtbarkeit und schauten uns die Katzen in Ruhe an. Bei vielen hing ein Zettel mit einer Charakterbeschreibung an der Wand: »Ist gefräßig« stand dort oder »Vorsicht, hat ihre Exbesitzerin gebissen«. Auf vielen Zetteln stand kurz und knapp »Alt«. Viele waren reserviert, das heißt bestimmte Menschen hatten sich dazu entschlossen, diese konkrete Katze zu nehmen, wollten aber zuerst, bevor sie eine solch schwerwiegende Entscheidung fürs Leben endgültig trafen, sichergehen, dass sie sich mit der Katze auch gut vertrugen, dass sie nicht gebissen, nicht gekratzt würden, dass sie keine Katzenallergie hatten und dass die Katze ihnen auch später noch gefallen würde. Um dies alles zu prüfen, gingen sie jeden Tag wie zur Arbeit ins Tierheim, stellten sich vor die für sie reservierte Katze und starrten sie an. Manchmal vergingen Jahre, bis einer merkte: Ich und die Katze passen doch nicht zusammen.

Ich hätte, wäre ich eine dieser reservierten Katzen, solche Besucher totgebissen. Diese landestypische Unentschlossenheit, der Drang, in die Zukunft zu blicken, sich für jede erdenkliche

Situation abzusichern, ist ein wesentliches Merkmal des deutschen Lebens. Eine Freundin von mir, eine Russin, musste ihren Führerschein in Deutschland neu machen, nachdem sie vor Kurzem aus Israel nach Deutschland eingewandert war. Ihre Fahrschule begann mit dem »Erste Hilfe«-Unterricht. An einem solchen Unterricht hatte sie bereits in Russland und in Israel teilgenommen.

»Und, gab es einen Unterschied?«, fragte ich sie.

Ja, meinte meine Freundin, es habe einen großen Unterschied gegeben. In den anderen Ländern bestand das Hauptanliegen der Ersten Hilfe darin, Menschen zu helfen, die einen Verkehrsunfall hatten. Hier hatte sie das Gefühl, dass es vor allem darum ging, allen möglichen negativen rechtlichen Konsequenzen aus dem Weg zu gehen, die bei einem Unfall entstehen könnten.

Eine rothaarige Katze hatte uns sehr gut gefallen. Sie war laut ihres Zettels »alt« und hatte »Vorsicht, beißt« sowie »gefräßig« an ihrem Käfig kleben. Nun musste sie der Welt nichts mehr beweisen. »Ist der Ruf erst ruiniert, lebt sich's gänzlich ungeniert.« Die Katze lächelte uns an, gähnte, zeigte die Zähne.

»Das könnte die Katze von Hannibal Lecter sein«, meinte Nicole.

Neben ihr saßen zwei Brüder, die laut ihres Zettels jung, aber auch schon »gefräßig« waren. Sie durften nur im Doppelpack adoptiert werden. Der schwarz-weiße hatte einen so intelligenten Gesichtsausdruck, als wäre er ein Geisteswissenschaftler, den eine böse Hexe aus Langeweile in eine Katze verwandelt hatte. Der graue hatte eine platte Nase und das Gesicht eines Boxers. Alle diese Katzen, einschließlich Hannibal Lecter, waren vor Kurzem einer Frau entzogen worden, die unter dem »Katzentanten-Syndrom« litt, erzählte uns eine Mitarbeiterin. Das ist eine psychische Krankheit. Manche Menschen können alte Zeitungen nicht wegschmeißen, andere sammeln Katzen, ohne sich um die Tiere zu kümmern. Hannibal Lecters Frau hatte dreißig Katzen in ihrer Wohnung, wurde von den Nachbarn verklagt und verlor vor Gericht ihr Katzenhaltungsrecht.

Nicole beschloss, die beiden Brüder zu nehmen.

»Wollen Sie sich die Katzen nicht zuerst reservieren lassen?«, fragte die Mitarbeiterin mit roten Augen erstaunt.

»Nein, wir nehmen sie jetzt gleich, auf der Stelle«, meinte Nicole.

Doch das war leichter gesagt als getan. Eine Menge Papierkram musste erledigt und unterschrieben werden, wir bekamen Fragebögen in dramatischer Länge zum Ausfüllen. So viele Fragen musste ich nicht einmal beim Beantragen der deutschen Staatsangehörigkeit beantworten. Das Heim wollte sich gegen jedes erdenkliche künftige Risiko absichern. Lieben Sie Katzen? Haben Sie andere Haustiere? Haben Sie vor, andere Haustiere zu haben? Haben Sie eine Wohnung? Haben Sie einen Balkon? Wie groß ist Ihre Wohnung, und wie groß ist Ihr Balkon?

Nicole wusste nicht, wie groß ihr Balkon war. Sie schrieb »sehr groß«. Ob sie wohl zum Nachprüfen kommen würden? Nicole musste unterschreiben, dass sie die Katzen in gesundem und munterem Zustand bekommen hatte. Sollten sie erkranken, hatte sie das Recht, sie innerhalb von zwei Wochen kostenlos medizinisch behandeln zu lassen.

Während Nicole sich bemühte, die tausend Fragen zu beantworten, kamen zwei ältere Damen. Sie hatten das Hannibal-Lecter-Kätzchen bestellt. Die Mitarbeiterinnen erschraken vor so viel Mut.

»Sind Sie sicher?«, fragten sie die Damen.

»Absolut!« Die Frauen ließen sich nicht verunsichern.

»Aber die Katze ist alt!«

»Wir auch! Dann sterben wir halt zusammen.«

»Sie hat einmal jemanden gebissen!«

»Das passt«, sagten die Damen knapp.

»Sie isst viel!«

»Wir haben genug«, meinten sie und schafften es in Rekordgeschwindigkeit, alle Papiere zu unterschreiben.

Wir waren noch beim »Wie sehr lieben Sie Katzen«-Ausfüllen, da holten sie schon die Tragetasche.

»Legen Sie ein Tuch drüber, damit die Katze sich nicht erschreckt, sie war nämlich sehr lange nicht draußen. Nicht dass sie unterwegs durchdreht!«, riefen die Mitarbeiterinnen den Damen hinterher. Doch die waren schon unterwegs zum Parkplatz.

Wir gingen ihnen mit unseren beiden Brüdern hinterher. Auf dem Parkplatz sagten die Katzen einander noch einmal auf Wiedersehen. Unsere Brüder waren von so viel Schnee etwas überrascht, die Damen fröhlich aufgeregt, nur die Hannibal-Lecter-Katze auf dem Rücksitz ihres Wagens behielt die Nerven. Sie lachte den Schnee an und leckte sich genüsslich die Pfoten im Vorgeschmack auf eine spannende Weiterreise.

Kaum in Nicoles Wohnung angekommen, versteckte sich der Boxer-Bruder sofort und ließ sich drei Tage lang nicht blicken. Der Geisteswissenschaftler machte es sich auf dem Bücherregal bequem. Ihre idiotischen Heimnamen Harald und Ulf mussten die Katzen abgeben. Nicole gab ihnen die Namen von zwei Figuren aus dem amerikanischen Familiendrama »Der Pate« von Francis Coppola über die traditionsreiche Familie Corleone: Sonny und Frankie. Sie war auf ihre ersten eigenen Haustiere unglaublich stolz. Das selbstständige Leben konnte beginnen.

Überstunden in Berlin

Auf alten Fotos sieht Olgas Verwandtschaft so unecht aus, als wären diese Menschen zuerst gemalt und dann abfotografiert worden, so streng und ehrwürdig schauen sie. Es sind Männer mit großen Schnurrbärten und traurigen Augen, die Dolche an den Gürteln tragen, und große Frauen mit Kopftüchern, die niemals lächeln. Dutzende stehen in einer Reihe, und beim Blick auf diese »Familie« denkt man eher an eine gut bewaffnete Spezialeinheit als an die liebe Verwandtschaft.

Die Vorfahren meiner Frau waren Kosaken, Menschen, die ihre Freiheit und Unabhängigkeit über alles schätzten und deswegen permanent vor dem Staat wegritten. Anders als seine europäischen Kollegen, die ihre Sklaven von weit herholten, betrieb der russische Zar, ob aus Faulheit oder Reiseverdrossenheit, die innere Kolonialisierung seines Landes. Er versklavte die eigenen Bürger nach damals geltendem Leibeigenenrecht. Während die Europäer oder Amerikaner durch die halbe Welt reisten, um andere Menschen zu kaufen, kolonialisierten die Russen sich selbst. Sicher war es für die Gutsbesitzer und Staatsdiener eine Herausforderung, eine moralische Begründung für diese Schweinerei zu finden. Amerikaner und Europäer hatten es da leichter. Immerhin hatten sie Menschen anderer Hautfarbe, anderen Glaubens, anderer Sprache, anderer Kultur versklavt, also in ihren Augen Lebewesen, die ihnen überhaupt nicht nahestanden. Sie konnten den Fremden also ohne große Gewissensbisse ihre Menschenwürde anhand dieser Unterschiede absprechen. Russen hingegen haben ihresgleichen versklavt, Menschen mit der gleichen Hautfarbe, der gleichen Sprache und gleichen Glaubens. Viele trugen sogar die gleichen Bärte und tranken die gleichen Schnäpse wie ihre Peiniger. Es half ihnen nichts.

Die Kosaken leisteten jedoch Widerstand. Ganze Dörfer ritten dem Zaren davon, einige in den Süden, andere nach Norden. Sie siedelten sich an den Ufern der großen Flüsse an, und sobald der Staat ihnen seine Armeen hinterherschickte, zogen die Dörfer einfach weiter. Irgendwann waren beide Seiten von diesem Katz-und-Maus-Spiel müde. Der Staat machte den Kosaken ein Angebot, das sie nicht ablehnen konnten. Sie durften ihre Freiheiten, vor allem die Steuerfreiheit, behalten, wurden nicht mehr als Feinde, sondern als Stütze des Regimes angesehen und mit der Eroberung neuer Territorien im Auftrag des Zaren betraut. Vermutlich ist Russland überhaupt nur durch diese Jagd des Staates auf die Kosaken so groß geworden. Ihre Umsiedlung ging später in die Geschichtsbücher als »Die Entdeckung des Südens« oder »Die Eroberung des Nordens« ein.

Auch nach dem Deal mit dem Staat kamen die Kosaken lange nicht zur Ruhe. In diesem riesigen Land, das sich wie ein Tintenfleck auf der Karte ausbreitete, blieben die Kosaken mobil und vogelfrei. In großen Familien ritten sie durch die Steppen und über die Berge. In meiner Vorstellung glich eine solche Nomadenfamilie einer Bande. Jedes Mitglied war mit speziellen Aufgaben betraut. Die Tochter fütterte die Pferde, der Sohn passte auf die Vorräte auf, die Großmutter kochte, der Großvater erzählte Witze und machte die Buchhaltung, der Onkel zählte die Sterne und sagte das Wetter voraus. Die Frauen in diesen Kosakenfamilien waren traditionell für Disziplin und Kontrolle zuständig. Sie mussten jederzeit imstande sein, alle Familienmitglieder in Reih und Glied aufzustellen, das Aussehen und den Kampfgeist der Familie zu prüfen, bei Bedarf zu trösten oder anzuheizen, den Durst zu löschen, wenn es hitzig wurde, und das Feuer zu löschen, wenn es brannte.

Sicher haben sich diese Bandenfamilien vor langer Zeit zivilisiert, doch was tief in der menschlichen Natur verwurzelt ist, geht nie ganz verloren. Deswegen lenkt meine Frau auch unsere Familie wie eine Bande, nach nur ihr verständlichen Kosaken-Regeln und -Prinzipien. Sie lauten:

Alles ist schlecht und kann deswegen nur besser werden.

Alle warten auf den Letzten. Niemand reitet alleine irgendwohin, ohne den anderen Bescheid zu sagen.

Es essen alle zusammen und loben das Essen, egal ob sie Appetit haben oder nicht.

Niemand darf beschimpft werden für etwas, das bereits geschehen ist. Sich darüber zu ärgern ist sinnlos.

Im Übrigen gilt: Lobe oder schweige, sei mit allen freundlicher, als sie es eigentlich verdient haben, und trink nie ohne einen Trinkspruch.

Vielleicht waren diese Regeln und Prinzipien vor dreihundert Jahren in der Steppe eine große Hilfe, aber heute in einer Stadt wie Berlin scheinen sie mir manchmal übertrieben streng. Wir sind schließlich keine Nomaden, wir haben unsere Zelte vor vielen Jahren in Berlin im Prenzlauer Berg aufgeschlagen und wollen hier auch weiter wohnen bleiben. Trotzdem kümmert sich meine Frau um unsere Bandendisziplin mit einer Leidenschaft und Hingabe, die ein besseres Ziel verdient hätten.

Meistens klappt es das ganze Jahr über, nur an einem Tag im Jahr scheitert sie – an Weihnachten, wenn die Familienbande vollkommen von Anarchie zersetzt wird und die ganze Stadt uns unter den Füßen wegreitet. An diesen Tagen verwandelt sich Berlin in einen verlassenen Stützpunkt. Jedes Jahr an Weihnachten kommt mir eine paranoide Verschwörungstheorie in den Sinn: dass hier eigentlich kein Mensch richtig wohnt und die ganze Stadt nur eine Attrappe ist, extra geschaffen, um der Welt zu zeigen, dass auch Deutschland eine Hauptstadt hat.

In Wahrheit kann Deutschland gut ohne Hauptstadt leben. Es hat Wald, Seen und Berge, es hat mehr Schrebergartenkolonien als die übrige Welt. Doch um auf dem internationalen Parkett eine gute Figur zu machen, leistet sich Deutschland eine »Hauptstadt«. Die Statisten, die von der Regierung mit der Darstellung von Hauptstadtbewohnern beauftragt sind, haben wunderschön berlinern und Würste braten gelernt, doch in Wahrheit kommen sie alle von weit her. Am 24.12. verschwinden sie aus Berlin und fahren zu ihren Eltern nach Bielefeld und Cottbus, um dort das traditionelle deutsche Weihnachtsessen zu genießen: roten und grünen verkochten Kohl, große glitschige Kugeln mit Sauce und fette Vögel auf dem Tablett. In Berlin bleiben nur diejenigen, die Überstunden machen müssen: Taxifahrer, Weihnachtsmänner und wir.

Meine Frau will nach deutscher Manier feiern, mit Weihnachtsgans und der ganzen Entourage. Sie versucht drei Generationen am Tisch zu unterhalten. Doch die Mütter sind kritisch der deutschen Küche gegenüber, sie mögen die Klopse nicht.

»Warum ist da nichts drin?«, quengeln sie. Wenn Russen ihre Teigtaschen kneten, geben sie immer eine Füllung hinein, die Chinesen ebenfalls, aber die Deutschen mögen keine Überraschungen beim Essen. Bei ihnen sind die Kugeln meistens leer.

Die Omas sind enttäuscht. Ihre Enkelkinder kümmert das Weihnachtsessen dagegen überhaupt nicht, sie wollen schnell weg – in die Kirche. In der kleinen Kirche am Senefelderplatz singt ein Chor, und der Glühwein kostet einen Euro mit Tasse. Die Jugend macht sich auf den Weg.

»Welcher Wodka ist eigentlich besser, Papa: Taiga oder Tundra«, stellt mir mein Sohn die typische Weihnachtsfrage.

Irgendetwas in seinem schwarzen Rucksack hat er sicher aus dem Kühlschrank entwendet, um in der Kirche die Shortys, also die Kurzen, zu mixen.

Überstunden in Berlin

Meine Tochter möchte in Neukölln tanzen gehen.

Die Katzen fressen die letzten Lamettastreifen vom Weihnachtsbaum.

Die Kosaken an den Wänden betrachten uns leidenschaftslos, nachdenklich und still.

Die Dame mit dem Dolch

»Du sollst deinen Nächsten lieben« steht in der Bibel. Das ist leichter gesagt als getan. Man kann mit diesem Gebot den Nächsten erdrücken, ihm tagtäglich von seiner Liebe berichten oder versuchen, ihn zu einem besseren Menschen zu erziehen, natürlich nur ihm zuliebe. Je nach Verwendung kann die Liebe zu einem Lebenselixier oder zu einer tödlichen Waffe werden. Und kein Kamasutra, kein wissenschaftliches Bilderbuch kann wirklich darüber aufklären, wie man richtig liebt. Man handelt nach Gefühl.

Ich denke, das Wichtigste in der Liebe ist es, die Einsamkeit deines Nächsten zu akzeptieren. Jeder Mensch ist von Natur aus einsam. Er kommt allein auf die Welt, mit Ausnahme von Zwillingen versteht sich, und geht auch wieder allein, wenn nicht gerade Krieg ist. Im endlosen Kreislauf des Seins ist unser Leben nur eine kleine Haltestelle zwischen Jenseits und Jenseits. Die wenigen Augenblicke, die wir an dieser Haltestelle verbringen, sollte man genießen. Dass man dort nicht allein steht, dass die ganze Zeit dein Nächster in der Wohnung herumläuft, in der Küche mit seinem Kaffee kleckert, mitten im Zimmer seine merkwürdigen Yoga-Übungen macht und die Toilette immer dann besetzt, wenn man sie dringend braucht, all diese Tatsachen bedeuten eine große tägliche Herausforderung für die einsamen Seelen. Es gibt nur eine Erklärung, warum man sich darauf einlässt: aus Liebe.

Nur einigen wenigen Menschen gelingt es in der Tat, für andere da zu sein, wenn sie Hilfe brauchen, ohne sie dabei zu bedrängen. Meine Frau gehört zu dieser seltenen Sorte Mensch. In ihrer bodenlosen Prada-Tasche findet sie die Lösung für jedes Problem. Man muss nur lange suchen. Eine solche Fähigkeit habe ich zuvor nur bei MacGyver in der gleichnamigen amerikanischen Fernsehserie gesehen. Ganz egal, in was für eine aussichtslose Situation der Held dieser Serie geriet, er bastelte aus einem Strick, einem Streichholz, einer Milchflasche und einer Banane clever und elegant das rettende Hilfsmittel. MacGyver konnte sich selbst und alle anderen aus jeder Sackgasse befreien.

Meine Frau ist noch cleverer, sie ist MacGyver mit weiblicher Intuition. Sie weiß im Voraus, was ihre Nächsten gleich brauchen werden, und hat es dann parat. Bekommt ihr Nächster Schnupfen, hat MacGyver mit Frauenintuition ein Taschentuch dabei. Hat der Nächste Kopfschmerzen, findet sich immer ein Aspirin in der bodenlosen Prada-Tasche. Fällt der Nächste aus Versehen in eine Baugrube, hat sie schon die Leiter organisiert. Wie all diese Sachen in ihrer Tasche landen, weiß nur Gott. Aber der schweigt. Ständig rettet meine Frau mit ihrer Intuition Menschenleben. Ich halte es wahrhaftig für Zauberei.

Den Höhepunkt dieser Zauberei erlebten wir auf einer Reise nach Hannover. Unsere georgischen Freunde, die das beste Restaurant mit georgischer Küche in Hannover betreiben, beschlossen, einmal japanisch zu kochen, und luden uns ein. Ich weiß, dass Georgier fantastisch feiern können: Sie singen besser als die Netrebko, ihr Wein war schon das Blut der Erde, als die Griechen noch ausschließlich Muttermilch tranken, und in den georgischen Trinksprüchen ist die Weisheit der Welt zu Hause. Einer solchen Einladung konnten wir nicht widerstehen. Also beschlossen Olga und ich, nach Hannover zu fahren. Die ganze Nacht überlegte ich, was ich meinem georgischen Freund Georgij schenken könnte. Man kann bei einer solchen Einladung doch nicht mit leeren Händen kommen.

»Dein Dolch wäre ein perfektes Geschenk«, meinte meine Frau. Sie wollte diese kalte Waffe aus unserer Wohnung schon immer loswerden.

Den Dolch, der eher wie ein mittelgroßer Krummsäbel aussah und in einer von silbernen Schlangen verzierten Scheide steckte, hatte ich einmal auf dem Flohmarkt von einem seltsamen Chinesen gekauft. Er hatte hart verhandelt. Er wollte alles Geld der Welt für den Dolch haben, konnte aber schlecht Deutsch. Ich habe dann gewonnen. Ein halbes Jahr lag der Dolch auf meinem Tisch und jagte Katzen sowie Kleinkindern Angst ein. Ich hatte keine Verwendung für ihn. Ein solches Werkzeug des Todes würde zu einem Georgier tatsächlich besser passen als zu mir, dachte ich.

Olga sollte den Dolch nach Hannover mitbringen. Wir fuh-

ren nämlich aus verschiedenen Himmelsrichtungen in die nie-
dersächsische Landeshauptstadt. Meine Frau wollte aus Berlin
kommen, ich aus Recklinghausen, wo ich noch eine Lesung hatte.
Unser georgischer Freund Georgij würde uns beide vom Bahnhof
abholen, so war der Plan. Doch jeder Reisende, der Erfahrungen
mit der Deutschen Bahn hat, weiß, bei dieser Bahn läuft es nie
nach Plan. Kurz vor Hannover blieb der Zug meiner Frau wegen
einer technischen Störung stehen. Der Zugführer vermutete, es
würde möglicherweise bald weitergehen, wusste aber nicht wie
bald. Unser Gastgeber und ich hatten schon zwanzig Runden um
den Bahnhof gedreht, hier und da ein Bier getrunken und eine
Stulle gegessen. Dann meinte Georgij, wir sollten zu dem Zug
fahren, ganz egal, wo er stehe, die Tür einschlagen und meine
Frau herausholen. Ich neigte eher dazu zu warten. Olga rief aus
dem Zug an und berichtete, sie würden bald Halt in Hannover-
Laatzen bei der Messe machen, wir sollten sie dort abholen. Wir
machten uns sofort auf den Weg.

Der Zug hatte tatsächlich schließlich mit Mühe Hannover-
Laatzen erreicht, wo der Zugführer die Türen öffnen durfte. Er
sagte, alle, die unbedingt aussteigen wollten, könnten das hier tun,
denn er wisse noch immer nicht, wann und wohin es mit seinem
Zug weitergehe und ob überhaupt. Trotz dieser harschen Ansa-
ge trauten sich nur wenige Passagiere, den Zug zu verlassen: ein
Banker in teurem Anzug, der aussah, als käme er immer zu spät,
eine Rollstuhlfahrerin, zwei marokkanische Flüchtlinge, die erzählten, sie hätten gerade ihre Abschiebung in das sichere Her-

kunftsland bekommen, und ein älteres Ehepaar aus Fürstenwalde, das nach Hannover fuhr, um seine Tochter zu besuchen. Sie stiegen nun also an einem unbekannten Bahnhof aus und fanden sich mitten auf einer Baustelle, von der aus keine Züge fuhren und wo auch kein Personal anzutreffen war. Von allen Seiten waren sie außerdem von Baugerüsten umzingelt – hohe eiserne Gitterblöcke, die mit Kabelbindern aneinander festgemacht waren.

Die Rollstuhlfahrerin geriet in Panik: Sie würde diese Baustelle niemals lebend verlassen können. Der Manager rüttelte am Zaun und meinte, wir sollten am besten die Polizei rufen. Die Marokkaner sagten, sie hätten eh nichts zu verlieren, und versuchten, über die Absperrung zu klettern. Besser, sich auf einer deutschen Baustelle einen Beinbruch zu holen, als im sicheren Herkunftsland ohne jegliche Zukunftsperspektive abhängen zu müssen, meinten sie, waren jedoch nicht sportlich genug, um über den Zaun zu kommen. Das Ehepaar aus Fürstenwalde schwieg betreten.

»Hat denn niemand von uns ein Messer dabei?«, rief der Manager verzweifelt. »Oder eine Schere?«

Niemand hatte so etwas. Nicht die Rollstuhlfahrerin, nicht das ältere Paar aus Fürstenwalde und nicht einmal die marokkanischen Flüchtlinge, auf die sich viele hoffnungsvolle Blicke richteten. Nur eine kleine zierliche Frau im roten Kleid machte ihre bodenlose Prada-Handtasche auf und zog einen großen Dolch mit silbernen Schlangen auf der Scheide heraus. Die ganze Gruppe erstarrte. Die kleine Frau im roten Kleid schnitt mit einer Handbewegung die Kabelbinder durch, schob die Bauzäune auseinander und steuerte den Rollstuhl durch die Öffnung.

Als wir endlich mit dem Auto kamen, waren bereits alle gerettet. Sie konnten sich nicht genug bei meiner Frau bedanken und wollten künftig nur noch mit ihr zusammen reisen.

Die ganze Nacht tranken wir bei unseren Freunden, aßen japanisch und sangen georgisch. Georgij konnte den Dolch nicht eine Sekunde aus den Augen lassen. Er hantierte ständig mit ihm herum, zog ihn aus der Scheide und steckte ihn wieder hinein.

Ob das gut ausgeht?, dachten wir.

Stimmen auf dem Balkon

Jeder bei uns in der Familie hat einen Lieblingsplatz in der Wohnung, wo er die meiste Zeit verbringt. Bei meinem Sohn ist es das elterliche Schlafzimmer. Dort ist einfach alles besser als in seinem eigenen Zimmer. Dort steht der große Kleiderschrank mit meinen Sachen, die er gerne anprobiert. Dieser Schrank übt eine starke Anziehungskraft auf Sebastian aus.

»Wir haben bald die gleiche Größe«, sagt er mit tiefer Teenager-Stimme. »Du hast zu viele schicke Klamotten, Papa, das alles wird bald mir gehören.«

Er geht extra dreimal die Woche zum Fitnesstraining, damit er schneller meine Größe erringen und meine Hemden tragen kann. Dabei akzeptiert mein Sohn nur Klamotten in zwei Farben: Schwarz und Weiß. Bunte und geblümte Hemden möchte er mir überlassen.

Ich bin nicht einverstanden. Ich kontere. »Schau bei Mama im Schrank«, sage ich. »Sie hat noch mehr schicke Klamotten. Warum muss immer ich dran glauben?«

Aber mit solchen Witzen kann man in der schwarz-weißen Teenager-Welt nicht punkten.

Meine Tochter verbringt ihre Zeit gerne im überdimensionalen Schriftstellersessel, der in meinem Arbeitszimmer steht. Ich habe mir dieses Möbelstück vor Jahren gekauft, weil in meiner Vorstellung jeder Dichter und Denker im Besitz eines großen braunen Sessels sein sollte, der zum Dichten und Nachdenken anregt.

Zuerst haben die Katzen den Sessel okkupiert. Sie haben ihn als besseres Katzenhäuschen entdeckt und waren von ihm nicht mehr zu vertreiben. Dann kam meine Tochter. Halb liegend liest sie darin ein dickes Buch und schmust mit den Katzen. Ich selbst habe noch nie in meinem Sessel gesessen.

Meine Schwiegermutter hat die Küche. Das ist ihr Labor, ihr Wohnzimmer, ihr Experimentier- und Schlachtfeld. Während ihrer Besuche steht sie jeden Tag pünktlich um 7.00 Uhr auf, putzt die Zähne, geht in die Küche und macht Kaffee, um das Essensprogramm für den Tag festzulegen. Unmittelbar danach beginnt sie mit dem komplizierten Ballett des Kochens und Zubereitens. Beinahe geräuschlos bewegt sie sich zwischen Küchen- und Kühlschränken, und jeder Alleingang in die Küche von einem anderen Familienmitglied wird als illegaler Grenzübertritt wahrgenommen. Die Schwiegermutter ist sowieso die Einzige, die Bescheid weiß, wo und was in dieser Küche zu finden ist. Dank ihrer Kochkunst schafft sie es außerdem, die unterschiedlichen Geschmäcker dieser durch die kapitalistische Überproduktion verdorbenen Kinder zu befriedigen. Jeder andere Koch würde an ihrer Stelle wahnsinnig werden, aber die Schwiegermutter hält durch.

Stimmen auf dem Balkon

Hierzu ein Beispiel: Beide Kinder mögen Salat, nur mag meine Tochter keine Tomaten, sondern nur Gurken, die aber wiederum nach Tomaten riechen sollten. Mein Sohn isst am allerliebsten nur Tomaten. Also mischt meine Schwiegermutter Gurken und Tomaten zusammen, nimmt sie dann wieder auseinander und gibt jedem, was er haben will. Von uns Eltern würden die Kinder niemals so einen irrsinnigen Aufwand verlangen. Sie wissen: So etwas macht nur die Oma.

Meine Frau verbringt die meiste Zeit auf dem Balkon. Als pflichtbewusste Raucherin ist sie schon gleich nach dem Aufwachen auf frische Luft angewiesen und hat sich sogar extra für ihre Außeneinsätze eine Arbeitskleidung zugelegt: Im Winter zieht sie sich ihren Balkonpelzmantel an, für kalte Sommernächte hat sie eine Balkonbluse.

Durch ihre Balkonaufenthalte weiß sie am besten Bescheid, was bei den Nachbarn los ist. Meine Frau hat eine seltene Gabe, sie muss die Leute nicht sehen, um alles über sie herauszufinden. Sie kann die Welt durch indirekte Signale wahrnehmen, das Treiben der anderen in der Dunkelheit verfolgen. Sie orientiert sich an akustischen Zeichen, an Geräuschen und Gerüchen. Wir haben nämlich einen Balkon zum Hinterhof. Er hängt neben dem Fahrstuhl auf der inneren Seite des Hauses mit Blick auf Mülltonnen. Die Berliner Architekten müssen tolle Akustiker gewesen sein, als sie diese brunnenartigen Hinterhöfe entwarfen. Wir wohnen im ersten Stock und können von unserem Balkon aus perfekt hören, wie das Baby im vierten pupst. Manchmal kann man es sogar riechen. Dabei werden die Entfernungen und die Tonlagen bis zur Unkenntlichkeit verzerrt.

Wenn ich mit meinen Freunden auf dem Balkon sitze, bin ich oft irritiert, weil ich mich von allen Seiten angesprochen fühle. Nur meine Frau kann diese Stimmen und Gerüche auseinanderhalten. Sie weiß, was es heute bei wem zum Abendessen gibt. Sie weiß, dass die Spanier im zweiten Stock seit vier Tagen nur noch Fisch essen, während die Schwaben Kartoffeln mit Zwiebeln und Speck braten. Tagsüber machen unsere Nachbarn einen überwiegend nüchternen Eindruck. Aber kaum wird es dunkel, knallen alle fünf Minuten Korken auf ihren Balkonen, und die Gläser klirren.

Am interessantesten finde ich die Geräusche, die etwas über das Privatleben des Hauses verraten. Ich habe einmal die halbe Nacht mit meiner Frau zusammen auf dem Balkon verbracht und mir diese Seifenoper angehört.

»Lass mich bitte los«, sagte eine Frauenstimme vom Himmel überdeutlich um halb ein Uhr nachts. »Lass mich sofort!«, wiederholte sie mit solcher Entschiedenheit, als wollte sie vom Himmel springen.

Eine leise Männerstimme überredete währenddessen gleich zwei Frauenstimmen, sie sollten bleiben. Die eine Frau erzählte von einer Picasso-Ausstellung, die andere drohte, sie würde gleich zum Schlafen nach Hause fahren, aber leider sei ihr Fahrrad kaputt.

Der Mann schrie beinahe vor Wut: »Christine, bitte! Geh nicht!«

Danach sind sie heftig durch die Wohnung gelaufen und haben mit den Türen geknallt.

Eine andere Frau lachte laut.

Jemand spielte einen Trauermarsch auf dem Klavier bei geöffnetem Fenster.

Ein Mann schimpfte mit seinem Hund und weinte dann.

Das Leben dieses Hauses scheint mir ein großes Rätsel zu sein, nur meine Frau kann diese Geräuschkulisse entziffern. Sie weiß genau, wer worunter leidet und wer was feiert, erzählt es aber nicht weiter. Aus eigener Kraft kann ich in den nächtlichen Gesprächen die Nachbarn nicht identifizieren.

Im Tageslicht, wenn wir uns beim Einkaufen treffen oder im Treppenhaus höflich grüßen, wirken sie überhaupt nicht so verzweifelt wie während des Spuks in der Nacht. Sie zeigen im Gegenteil eine robuste Lebenshaltung und haben viel hellere Stimmen.

Der Traumfänger

Vieles habe ich im Leben gelernt, noch mehr ist mir durch die Lappen gegangen, doch manches Können ist angeboren. Ich konnte schon immer gut schlafen, tief und ohne schlechte Träume. Meine Mutter erinnert sich, dass ich als Säugling manchmal an der Brust einschlief. Im Kindergarten war ich das einzige Kind, das nichts gegen den Mittagsschlaf hatte. Ich schlief in der Schule während der Politinformationen in der letzten Bank, dann mit zweihundert schnarchenden Rekruten in einer Kaserne. Und während meiner Weltreisen schlief ich im Flugzeug, in der Bahn, im Sitzen und im Stehen.

In meinem ganzen Leben habe ich so gut wie nie unter Albträumen gelitten. Nur einmal, in früher Kindheit, träumte ich von einem riesigen Vogel, der mit voller Wucht gegen die Fensterscheibe schlug. Im Traum wollte ich den Vogel hereinlassen, aber das Fenster klemmte, der Vogel schrie. Später in Deutschland träumte ich, meine Freunde und ich seien alle gestorben und wanderten in der Hölle umher auf der Suche nach einer Raucherecke. Überall in der Hölle standen große eiserne Aschenbecher, das Rauchen war jedoch nur im Paradies erlaubt.

Meinen schlimmsten Albtraum hatte ich aber nicht im Schlaf,

sondern in der Realität. In den Neunzigerjahren arbeitete ich in Berlin an einem Theater. Ich hatte eine befristete Arbeitsstelle als Dramaturg. Irgendwann lief meine Stelle aus, und ich musste mich beim Arbeitsamt arbeitslos melden. Dabei erwischte ich eine besonders robuste Sachbearbeiterin, die sich große Sorgen um meine Zukunft machte. Sie bestellte mich regelmäßig alle paar Wochen zu sich und leistete Erziehungsarbeit.

»Wie wollen Sie weiterleben, Herr Kaminer?«, fragte sie mit pathetisch vibrierender Stimme. »Besitzen Sie vielleicht irgendwelche handwerklichen Fähigkeiten? Sie können doch nichts, außer im Theater herumhocken. Wollen Sie als Schmarotzer auf Kosten der Gesellschaft Ihr Dasein fristen?«

Diese Frau wurde für mich zu einem ständigen Albtraum. Ich sah sie alle zwei Wochen in der Realität, und mehrmals träumte ich von unseren Begegnungen.

»Wie willst du leben? Wie?«, fragte sie mich im Traum.

Später bin ich ein bekannter Schriftsteller geworden. Ich verkaufte erfolgreich meine Bücher, meldete mich vom Arbeitsamt ab und träumte den Traum nicht mehr.

Meine Frau hatte schon als Kind nachts schlecht geträumt. Entweder erschienen ihr irgendwelche längst verstorbene Verwandte im Traum oder Menschen, die sie nie in der Realität gesehen hatte. Sie alle stellten meiner Frau Fragen, die keinen Sinn ergaben: Die Glatzköpfigen erkundigten sich, ob ihre Frisuren einigermaßen säßen, die Nackten wollten wissen, ob sie modisch gekleidet wären. Und alle waren immer in Eile und drängten auf

Antworten. In ihren anderen Träumen hatte meine Frau etwas sehr Wichtiges vor, etwas, wovon alles Leben auf dem Planeten abhing. Sie schaffte es aber nicht, oder sie verpasste den Zug oder fiel aus dem Flugzeug – mit einem Wort: typische Albträume.

Um besser schlafen zu können, kaufte meine Frau einmal auf dem Flohmarkt bei einem alten Indianer einen sogenannten Dreamcatcher, Traumfänger auf Deutsch. Angeblich ein altes indianisches Amulett, das, an der Wand aufgehängt, den Schlafenden vor bösen Träumen schützt. Der Traumfänger sah aus der Ferne wie die Reste eines Federvogels aus, nachdem er von einem Fuchs kräftig durch die Mangel gedreht worden war. Eine Weile hing das Ding bei uns im Schlafzimmer. Es funktionierte nur halb. Meine Frau bekam noch immer im Schlaf Besuch von verstorbenen Verwandten, sie sagten aber nichts mehr, saßen nur brav auf der Bettkante und kuckten sich um. Ich selbst schlief weiter tief und gut.

Eines Tages war meine Frau des eigenen Aberglaubens müde geworden und verschenkte den Traumfänger an eine Freundin, die keine Albträume hatte, sondern bloß ihre Wohnung umdekorieren wollte. Meine Frau erzählte ihr nicht, was der Sinn des Amuletts war. Sie sagte nur, dies sei ein alter indianischer Glücksbringer. Kaum hatte das Ding unser Schlafzimmer verlassen, da fing es plötzlich bei mir mit den alten Albträumen an. Gleich in der ersten Nacht kam die Sachbearbeiterin vom Arbeitsamt auf dem Rücken eines Riesenvogels durch mein Fenster geflogen. In der Hand hielt sie einen großen eisernen Aschenbecher.

»Wie willst du leben, Kaminer?«, fragte sie mich, obwohl ich mich nicht erinnern konnte, dass wir uns jemals geduzt hätten. »Oder hast du jetzt irgendwelche handwerklichen Fähigkeiten entwickelt? Wie willst du deine Kinder ernähren, du Schmarotzer?«

Ich wachte schweißgebadet auf. Ihre Frage klang noch immer in meinem Kopf nach – wie will ich leben? Wie? Langsam erinnerte ich mich: Ich bin doch ein bekannter Schriftsteller, ich habe zwei Dutzend Bücher geschrieben, die alle gut honoriert wurden, alles läuft prächtig, beruhigte ich mich, schlief wieder ein und landete sofort in demselben blöden Traum.

»Lassen Sie mich bitte in Ruhe«, sagte ich zu der Sachbearbeiterin. »Ich bin ein berühmter Schriftsteller!«

»Du bist ein Schmarotzer! Du lebst auf Kosten der Gesellschaft und kannst nichts außer Geschichten schreiben!«

In ihrer Wut knallte die Sachbearbeiterin den Aschenbecher auf den Boden. Der Vogel miaute und rülpste.

»Verlassen Sie bitte sofort mein Schlafzimmer«, murmelte ich im Traum. »Gehen Sie, und nehmen Sie Ihren rülpsenden Vogel mit!«

»Ich gehe erst dann, wenn du handwerkliche Fähigkeiten entwickelst!«, lallte die Frau. Der Vogel miaute.

Ich wachte auf. Niemand war da, nur meine Katze ging auf dem Fensterbrett hin und her und machte die für Katzen in ihrem Alter typischen Geräusche.

»Weißt du, Liebling«, sagte ich am nächsten Morgen zu meiner Frau, »wir brauchen dringend diesen Traumfänger zurück. Ich weiß zwar nicht, wie das Ding funktioniert und ob überhaupt irgendein Sinn in diesen alten Federn versteckt war, aber ohne Dreamcatcher muss ich jede Nacht mit der Tante vom Arbeitsamt reden, die ich schon seit zwanzig Jahren nicht mehr gesehen habe. Wahrscheinlich hat der Traumfänger diese uralten Träume aus der Tiefe meines Unterbewusstseins hochgeholt und hielt sie mit seinen Federn fest. Jetzt, wo das Amulett nicht mehr da ist, kehren sie alle in nie dagewesener Frische zurück.«

Meine Frau ging auf den Flohmarkt und fand den alten Indianer sogar wieder, er hatte aber keine Traumfänger mehr zu verkaufen. Also lief sie zu ihrer Freundin und fand sie in einem ziemlich verzweifelten Zustand. Die Freundin erzählte ihr von den Albträumen, die sie verfolgten, seit sie die Wohnung umdekoriert hatte. Unbekannte Menschen würden sie besuchen und sie fragen, wie ihre Frisur säße. Dabei hätten sie überhaupt keine Frisuren, manche hätten nicht einmal Haare.

Meine Frau entschuldigte sich für die Unannehmlichkeiten, nahm ihr den Traumfänger wieder weg und brachte ihn zurück an den alten Platz.

In der nächsten Nacht flog die Sachbearbeiterin auf dem Vogel ins Zimmer herein, sah das Federvieh und flog schnell wieder hinaus, ohne irgendetwas zu sagen. Seitdem habe ich sie nicht wieder gesehen.

Alte Amulette darf man nicht verschenken.

Wie hat sich Berlin verändert

Mein erstes Buch über drei russische Jungs, die Anfang der Neunzigerjahre ohne festes Ziel vor Augen nach Ostberlin kamen, wurde verfilmt. In der kurzen Zeit vor der Premiere genoss ich eine verstärkte Aufmerksamkeit der Medien, vor allem solcher, die im Friseursalon auf dem Wartetisch liegen. Von vielen hatte ich zuvor nicht einmal gewusst, dass es sie gab. Als Schriftsteller hatte ich solche Kontakte nie. *Superillu* kam zu uns, Männermodemagazine fragten, was ich gerne anzog, *essen und trinken* bat mich zu einem Interview in ein vornehmes Restaurant, und der *Playboy* lud mich zum Fotoshooting ein. Eine neue Welt tat sich auf, ein neues Lebensgefühl entstand: Ich fühlte mich auf einmal wie eine junge Braut oder wie Anton Tschechows »Dame mit dem Hündchen«, die von allen Seiten von deutlich älteren Herren angesprochen wird – zwar höflich und respektvoll, doch mit einer deutlichen Nebenabsicht, ihr bei der erstbesten Gelegenheit in den Hintern zu kneifen. Die Filmproduktionsfirma überredete mich, mindestens die wichtigsten Pressetermine wahrzunehmen.

»Die *Tagesthemen* wären zum Beispiel sehr wichtig«, meinten sie. »Dürfen die *Tagesthemen* zu dir nach Hause kommen?

Morgen um 12.00 Uhr? Sie wollen mit dir über Berlin heute und damals reden und werden maximal zwanzig Minuten brauchen.«

Ich war am verabredeten Morgen allein zu Hause. Die Kinder vergeudeten ihre Pubertät in der Schule, meine Frau ging im Fitnessstudio auf dem Laufband vor sich hin – mit 5,2 km/h, ihrer Lieblingsgeschwindigkeit, die gleichzeitig die langsamste Stufe dieses Geräts war. Ungefähr einen Monat zuvor hatte meine Frau plötzlich die Freuden des gesunden Lebens entdeckt und ging seitdem begeistert sechs Mal die Woche ins Studio, zog sich eine schicke Sportswear an, setzte sich Kopfhörer auf, hörte The Cure – »Disintegration« – und lief mit 5,2 km/h eine Stunde lang auf dem Band. Danach steckte sie sich zu Hause eine Zigarette an, mixte sich einen Spritz und fühlt sich gesünder und sportlicher als je zuvor. Sie sollte erst kurz nach 12.00 Uhr nach Hause kommen, ich wartete also allein auf die *Tagesthemen*.

Nun war am Abend davor unsere Waschmaschine kaputtgegangen. Wir hatten auf den Rat eines technisch begabten Nachbarn hin eine besonders intelligente Waschmaschine gekauft, die Eiweißflecken von Eigelbflecken unterscheiden und alle für sie notwendigen Chemikalien selbst dosieren konnte. Im Nachhinein kann ich sagen: Es war ein Fehlkauf. Es tut der Wäsche nicht gut, wenn die Waschmaschine zu viel denkt. Sie ekelte sich plötzlich vor der Wäsche und spuckte das ganze Wasser auf den Boden. Dazu zeigte sie in leuchtendem Rot »Fehler 23« an. Der technisch begabte Nachbar schaute sich am Morgen darauf die

Sauerei an und schüttelte den Kopf: »23 ist keine gute Zahl, ich würde an eurer Stelle den Kundendienst anrufen«, meinte er.

Der Kundendienst versprach uns, noch am gleichen Tag jemanden vorbeizuschicken – zwischen 12.00 und 16.00 Uhr. Ich hatte bereits beim Aufstehen ein mulmiges Gefühl gehabt. Aber wir schaffen das, beruhigte ich mich selbst. Eins nach dem anderen.

Exakt um 12.00 Uhr klingelte es an der Haustür. Es waren die *Tagesthemen*. Sie bauten schnell ihre Kamera und das Licht im Gästezimmer auf.

»Wie hat sich Berlin seit Anfang der Neunzigerjahre verändert?«, fragte mich ein intelligenter Moderator mit Schal um den Hals.

»Berlin hat sich sehr stark verändert«, holte ich aus.

Es klingelte. Der Waschmaschinenmann kam. Er war schnell, temperamentvoll und irgendwie biestig.

»Wo ist sie?«, pfiff er entschlossen.

»Sie ist im Bad«, sagte ich.

»Was war los?«

»Zu intelligent, denkt zu viel nach, Wasser auf dem Boden, Fehler 23. Ich muss aber jetzt eine Arbeit zu Ende bringen, ich lasse Sie hier allein«, entschuldigte ich mich und lief zurück ins Gästezimmer.

»Berlin Anfang der Neunzigerjahre war eine ganz andere Stadt. Viele junge Menschen aus aller Welt kamen hierher …«

»Herr Kaminer, kommen Sie hierher!«, ertönte es aus dem

Bad. »Was ist das für ein Zeug, womit wäscht Ihre Frau, was hat sie da reingetan? Sehen Sie, da unten ist doch alles verklebt! Was ist das für ein Zeug? Russisches Salz oder was?«

»Was für ein Zeug? Fragen Sie doch die Waschmaschine!«, flüsterte ich und sprang wieder zur Kamera.

»Berlin hatte damals das Zeug, dieses Zeug dazu, die erste deutsche Großstadt zu werden, in der Männer und Frauen zusammenkamen …«

»Herr Kaminer, wann kommt Ihre Frau, wann kommt sie?«, rief die Stimme aus dem Badezimmer besorgt.

»Sie sollte jede Minute da sein«, rief ich zurück. »Heute verändert sich die Stadt jede Minute, die Menschen kommen, die Waschmaschinen gehen kaputt …«

»Ich schreibe Ihrer Frau jetzt einen Brief«, rief es aus dem Bad.

»Herr Kaminer«, sagte der Moderator der *Tagesthemen*, »Sie schwitzen. Sie haben kleine Tropfen auf der Stirn und auf dem Kinn, brauchen Sie vielleicht ein Taschentuch?«

»Nein, nicht nötig«, sagte ich zu den *Tagesthemen*, »ich schwitze gern, zumal die Waschmaschine auch bald repariert ist.«

In dieser unmöglichen Situation erschien plötzlich der Fitnessengel und brachte alles wieder ins Lot.

Abends wurden die Tagesthemen mit dem Wachmaschinenbeitrag ausgestrahlt. Die Sendung war ein voller Erfolg, die Produzenten waren begeistert: »Man merkte dir die Aufregung wegen der Verfilmung kaum an«, meinten sie.

Von der Vergeblichkeit des Glases

Ich glaube, alle Menschen haben eine Vision von einer besseren Welt, in der es ihnen persönlich gut geht. Die Christen haben ihren Himmel, in dem sie ohne Sorgen und Leid unter ihresgleichen eine ganze Ewigkeit totschlagen können. Die Moslems haben ebenfalls ein Paradies, wenn auch ein nicht ganz stressfreies mit 72 Jungfrauen: Ab einem bestimmten Alter können Jungfrauen sehr ungemütlich werden. Die alten Germanen träumten von Walhalla, die Buddhisten vom Nirwana, doch alle diese Menschen haben es anscheinend nicht eilig, in ihre Paradiese zu kommen. Sie bleiben erst einmal hier, auf unserer schrecklichen Erde voller Hunger und Not und tun alles, um sie noch schlechter zu machen. Sie streiten miteinander, schießen aufeinander, beschimpfen sich gegenseitig. Vielleicht machen sie das extra, damit sie später, beim Übergang in ihre bessere Welt, keine Abschiedstränen vergießen müssen.

Für mich als Atheisten gibt es keine andere, sondern nur diese eine Welt. Die Lebenszeit eines Atheisten ist sehr, sehr kurz. Sie beginnt mit seiner Geburt und endet mit dem Tod. Ich möchte also meine Ruhe haben. Doch auch Atheisten brauchen manchmal eine Stütze. Sie suchen unbewusst nach Dingen, an denen sie sich festhalten können, die ihnen anstelle einer Kirche Trost spenden und sie bei Laune halten.

Manchmal bringt mich die Suche nach diesen tröstenden Dingen in idiotische Situationen. Einmal kaufte ich mir beispielsweise ein Weinglas für fünfzig Euro. Ich war auf einer Lesereise durch Süddeutschland unterwegs gewesen und hatte einen lustigen Weinhändler aus Mannheim kennengelernt. Er gab sich als großer Fan meiner Bücher aus und lud mich in seinen Laden zu einer Weinverkostung ein, an der nur wir beide teilnahmen. Nach der zweiten Magnumflasche Rotwein, die wir ziemlich schnell wegverkostet hatten, sagte mein neuer Freund:

»Du, Wladimir, du magst ein Weinliebhaber sein, doch ein richtiger Weinkenner wirst du nie werden, denn du hast kein richtiges Weinglas. Jeder Weinkenner muss ein richtiges Glas haben. Ein Weinkenner ohne Glas ist wie ein Liebhaber ohne Eier, wie ein Diktator ohne Atomwaffen, wie ein Zugschaffner ohne Schnauzer. Kurz: unglaubwürdig. Und das richtige Glas, glaub mir, kann nur ich dir besorgen.«

Plötzlich hatte ich dieses Ding in der Hand – ein riesiges Glas, das wie ein mittelgroßes Aquarium aussah, tief genug, um in ihm alles Leid der Welt zu versenken. Handgefertigt, mundgeblasen und mit 25 Prozent Bleianteil, damit die Zellen des Glases noch breiter wurden und der Wein noch besser atmen konnte.

»Das ist ein Zauberglas«, tönte der Weinhändler, der sich im Laufe des Abends in einen Glashändler verwandelt hatte. Unermüdlich beschwor er die Eigenschaften seines Glases. Jeder gute

Wein schmecke darin hervorragend, jeder mittlere gut und jeder schlechte noch zufriedenstellend. Ich glaube, er verhexte mich mit seinen Mantras. Auf einmal erschien mir mein vorheriges Leben grau und trist. Wie hatte ich es bloß so viele Jahre aushalten können – ohne richtiges Weinglas?

Eine Woche später bekam ich per Post einen Pappkarton, sehr groß, aber leicht wie eine Feder. Mein Nachbar, der diese Postsendung für mich in Empfang genommen hatte, wunderte sich, wie leicht die modernen Fernsehgeräte geworden waren. Auf meine Erklärung, in dem Karton sei kein Fernsehgerät, sondern ein Weinglas, lachte er nur und schüttelte ungläubig den Kopf. Meine Kinder glaubten mir ebenfalls nicht. Wir packten das Paket zusammen aus. Es steckte sehr viel Einwickelpapier drin, in der Mitte befand sich tatsächlich eine kleine Kiste und in dieser Kiste eine schwarze Büchse und in der Büchse mein Weinglas. Ich stellte das Glas den Kindern vor und klärte sie über die neuen, ab sofort geltenden Sicherheitsregeln auf. Niemand durfte das Glas anfassen, all die billigen chinesischen Gläser im Küchenschrank mussten Platz machen, mein Glas bekam ein Extraregal, und der Schrank durfte ab sofort nur mit äußerster Vorsicht aufgemacht werden.

»Papa ist verrückt geworden«, beschlossen die Kinder. »Früher oder später musste es ja so kommen.«

Meine Frau, die in der Regel alle Marotten ihrer Familienangehörigen mit Geduld und Würde ertrug, wollte dem Glas gegenüber keine Toleranz entwickeln. »Du und dein Glas!«, sagte sie nur. Wahrscheinlich war sie eifersüchtig.

Schon bald merkte ich, dass die Menschen mich mieden, wenn ich mit meinem Glas in der Hand in der Küche erschien. Das Glas umgab mich wie eine Wand, durchsichtig, zerbrechlich und doch undurchdringlich. Ich wurde zum Gefangenen meines eigenen Weinglases. Das Schlimmste war, ich konnte nicht einmal mehr mit meinen Freunden herzhaft anstoßen wie in alten Zeiten, weil ich Angst hatte, mein tolles Glas würde dabei kaputtgehen. Unsere Gäste mieden also meine Gesellschaft. Wie ein Zombie wanderte ich auf jeder Hausparty mit dem großen Ding in der Hand an den lachenden Menschen vorbei. Sie gingen sofort auf Abstand zu mir und machten meinem Glas den Weg frei.

»Lass es einfach fallen, wähle die Freiheit!«, flüsterten mir meine hinterhältigen Kinder ins Ohr. Sie besaßen bereits große Erfahrung im Gläser-fallen-lassen. »Befrei dich von deinem Schatz. Sollen wir dir helfen?«, fragten sie.

Eines Tages stellte ich das Glas in die hinterste Reihe des Gläserregals, sagte: »Zum Teufel mit dir«, und kehrte zu den chinesischen Billiggläsern zurück. Sie freuten sich über mein Zurückkommen. Das handgeblasene Superglas verschwand von meinem Horizont. Ich erkannte es gar nicht wieder, als ich es einige Monate später auf unserem Küchentisch sah, gefüllt mit Wasser und Maiglöckchen. Frauen finden für alles im Leben eine Verwendung. Meine Frau hatte aus dem Superglas eine Blumenvase gemacht.

Meine Frau in Japan

Zwei Universitäten in zwei japanischen Städten hatten mich gleichzeitig eingeladen, Vorlesungen abzuhalten. An einer Uni sollte ich als deutscher Schriftsteller russischer Abstammung im Rahmen eines Symposiums beim Thema »Transnationalität in der deutschen Literatur« mitdiskutieren, an der anderen Uni sollte ich als in Deutschland lebender russischer Schriftsteller etwas über die moderne russische Literatur erzählen. Im Vorfeld der Reise gab es einen anregenden Briefwechsel mit den japanischen Professoren. Wir mussten die Einzelheiten der Reise klären. Mit einem Professor korrespondierte ich auf Russisch, mit dem anderen auf Deutsch, untereinander klärten sie alles auf Japanisch.

Olga freute sich außerordentlich auf diese Reise. Auf der Insel Sachalin hielten sich alle Kinder für halbe Japaner und dachten, sie hätten vielleicht eines Tages Anspruch auf die japanische Staatsangehörigkeit. An guten Tagen, wenn sich der Nebel verzog, konnte man von Sachalin aus das japanische Ufer sogar mit bloßem Auge sehen. Schon als Kind wollte sie unbedingt nach Japan, durfte aber nicht dorthin. In der ersten Klasse der Grundschule hatte Olga wie alle Kinder eine Propaganda-Broschüre mit dem pompösen Titel »Japan und Sachalin. Wo der Morgen geboren wird« bekommen. Aus dieser Broschüre ging klar hervor, dass der Morgen hauptsächlich auf Sachalin geboren wurde und nur ein kleiner Teil davon in Japan, wo es die meiste Zeit des Jahres dunkel blieb und die Menschen unter dem Joch des Kapitalismus zu leiden hatten. Meine Frau war bereits als Kind äußerst kritisch und misstrauisch dem sowjetischen Staat gegenüber. Sie glaubte dieser Propaganda schon damals nicht. Irgendetwas sagte ihr, dass der Morgen in Japan geboren wurde. Wie das allerdings mit dem Morgen genau vor sich ging, wusste damals niemand. Der Weg nach Japan war den Sachalinern versperrt. Wenn umgekehrt Japaner nach Sachalin kommen wollten, mussten sie über Moskau fliegen.

Später in Deutschland traute sich meine Frau wegen ihrer Flugangst nicht, nach Japan zu fliegen. Als Kind hatte sie jedes Jahr im Urlaub lange Strecken fliegen müssen, fragte sich dabei jedoch nie, wie es möglich war, dass eine so große metallene Büchse voller Passagiere durch die Luft flog. Als Erwachsene bekam sie es mit der Flugangst zu tun, die immer stärker wurde, bis meine Frau irgendwann ganz aufs Fliegen verzichtete. Stattdessen lernte sie alles darüber. Sie meinte, die Angst könne nur mit Bildung bewältigt werden.

Fortan las meine Frau nur noch Bücher über Flugzeuge, unter anderem Lehrbücher über Aerodynamik. Sie bestellte aus Russland die gesamte sogenannte »Bibliothek des Fliegers«, studierte Biografien von herausragenden Piloten, sammelte Fotos von Flugzeugen, besuchte Seiten im Internet, auf denen sich Piloten und Bordpersonal aus der ganzen Welt über ihre beruflichen Probleme austauschten, chattete nächtelang mit Piloten und erzählte begeistert beim Frühstück von der maximalen Kraft des Seitenwindes bei der Landung in Nordkanada. Schon bald wusste Olga über so ziemlich alles Bescheid, was flog. Sie hätte beinahe selbst Piloten ausbilden können, glaube ich. Sie sehnte sich nun nach dem Fliegen, um zu kucken, ob sie ihre Angst überwunden hatte, und um mit ihren neu erworbenen Kenntnissen zu prahlen. Ein Flug nach Japan passte da perfekt – einmal um die halbe Welt.

In Frankfurt am Flughafen auf die Maschine wartend, saßen die Passagiere in einem Restaurant, das japanische und deutsche Küche anbot. Die Deutschen und die Japaner saßen nebeneinander und aßen auf exotische Weise: Die Japaner fochten mit scharfen Gabeln gegen große Würste und tranken Bier. Die Deutschen jagten mit Stäbchen Sushis über ihre Teller. Auch im Flugzeug entschieden sich die Japaner für deutsches Essen. Das ganze Flugzeug roch nach Sauerkraut. Die Japaner bekamen außerdem ganz besondere Werbeprospekte von der Lufthansa. Solche Werbeprospekte hatte ich, obwohl Vielflieger, noch auf keiner Reise gesehen: Auf den ersten fünf Seiten des Verkaufskatalogs wurden ausschließlich Eintöpfe zum Kauf angeboten, Bohnensuppen, Würste und Bier.

In der großen Maschine saßen bis zu acht Passagiere in einer Reihe. Die Stewardessen gingen durch die Gänge und verteilten Tabletts mit Sauerkrautgerichten. Direkt vor uns saß ein Paar, das sein Tablett nicht an die Nachbarn weiterreichte und damit für Unverständnis und Stau sorgte.

»Das sind Chinesen«, flüsterte mir Olga ins Ohr. Sie habe im Internet auf dem Blog eines Stewards gelesen, dass Chinesen ihre Tabletts mit Essen nie weitergaben. Dabei sagt man doch, ihnen sei Egoismus fremd, man habe sie solidarisch und kollektivistisch erzogen, meinte sie.

»Egoismus hat damit nichts zu tun«, entgegnete ich. »Das Leben im Kollektiv bedeutet, dass du normalerweise nie etwas in die Hand bekommst. Wenn aber doch einmal etwas bis zu dir gelangt, ganz egal was, halt es mit beiden Händen fest und lass es nicht mehr los. Deswegen halten die Chinesen auch das Tablett fest und geben es nicht weiter.«

Die Hälfte der Passagiere in der Maschine trug Atemschutzmasken, die sie nicht einmal zum Essen abnahmen. Japaner sind große Champions im Kurzschlaf, sie können überall und in jeder Lage ein Nickerchen machen. Aber wenn sie einmal nicht schlafen, essen sie normalerweise.

Wir drehten die Uhren nach vorn. Unser Flugzeug raste durch die sibirische Nacht und erwischte den japanischen Morgen pünktlich bei seiner Geburt, als die Sonne gerade am Horizont die ersten Wehen bekam. Wir hatten uns selbst durch diese Zeitverschiebung überholt und landeten in einer anderen Zeit, im Morgen danach, der in Europa noch aus einer möglichen nebeligen Zukunft bestand. Für uns war er dagegen schon Realität.

Wir lebten also im Morgen, und der begann merkwürdig wie

ein Traum in einem Universitätsauditorium, gut gefüllt mit noch
etwas müden Japanern, die dem Symposium »Transnationalität
in der deutschen Literatur« im Halbschlaf folgten. Je nach Länge
des Vortrages schauten sie in ihre Hefte oder zogen die Atemschutzmasken hoch bis über die Stirn und fielen beinahe vom
Stuhl. Kurzschlaf wirkt äußerst ansteckend. Meine Frau zog ihn
sich ebenfalls zu und schlief während einer Vorlesung ein. Nach
dem Ende der Veranstaltung fragte ich einen Kollegen, einen österreichischen Schriftsteller, der bereits seit drei Wochen in Japan
an der Universität weilte und sicher mehr verstand als ich, nach
dem Sinn des Symposiums.

»Sinn?«, wunderte er sich. »Der ist nicht klar.« Er habe seit seiner Ankunft mit dem Professor viel Sushi gegessen und Sake getrunken, um den Sinn der Veranstaltung zu ermitteln, aber nichts
herausgefunden, gab er zu.

Zu den Gästen des Symposiums gehörten zwei türkische und
eine japanische Dichterin aus Deutschland, ein Russe mit einer
japanischen Frau, die beide in Deutschland Germanistik studier-
ten, ferner eine Deutsche mit einem japanischen Mann sowie
eine österreichische Delegation und ein Dolmetscher, der vor
zwanzig Jahren aus Deutschland nach Japan gekommen war, um
Karate zu lernen, und geblieben war.

Das Symposium blieb rätselhaft: Was juckte die Japaner die
europäische Transnationalität? Warum luden sie solch einen
bunten Haufen ein?

»Ich glaube, sie haben es aus Höflichkeit gemacht«, meinte

Olga. Als jemand, der Manieren über alles schätzte, war sie von der Höflichkeit der Japaner begeistert. Sie halten es nämlich für unhöflich, sich für etwas nicht zu interessieren. Die Japaner sind unglaublich höfliche Menschen und Europäern im Bereich Zwischenmenschlichkeit deutlich überlegen. Im Restaurant gehen die Kellner in die Knie, um eine Bestellung vom Kunden auf Augenhöhe entgegenzunehmen. Alle verbeugen sich, sogar die Fahrkartenkontrolleure tun es, bevor sie nach dem gültigen Fahrausweis fragen. Die Getränkeverkäuferin im Zug verbeugt sich, wenn sie mit ihrem Getränkewagen den Waggon betritt, und noch einmal, wenn sie ihn wieder verlässt.

Einen solchen Anstand und gegenseitige Achtung habe ich in keinem anderen Land gesehen. Alle nicken einander zu, sogar im Schlaf. Sie lächeln und sagen ganz oft »Ja!«. Das Wort »nein« habe ich nicht ein einziges Mal gehört. Ich glaube, ein solches Wort gibt es in der japanischen Sprache gar nicht. Wahrscheinlich sagen sie statt nein, »ja vielleicht, vielen Dank für Ihr Interesse und alles Gute für die Zukunft«.

Ihre Höflichkeit haben die Japaner auch an die Technik weitergegeben. Ihre Mobiltelefone geben keine anstrengenden Klingeltöne von sich, die Getränkeautomaten grüßen die Kunden mit einer angenehm tiefen oder kratzigen Stimme, je nachdem, ob sie kalte oder warme Getränke anbieten. Und sogar die Kloschüsseln wischen einem automatisch den Po mit musikalischer Begleitung, solange man sitzen bleibt. Wenn man aufsteht, gibt die Schüssel einem mit mütterlicher Stimme Glückwünsche mit auf den Weg.

In jeder kleinen Sushibar am Bahnhof hören die Köche auf zu arbeiten und grüßen lauthals im Chor, wenn ein neuer Gast das Lokal betritt, wobei die neuen Gäste in der Bahnhofs-Sushibar im Sekundentakt eintreten. Als touristenfreundliches Land hat Japan sich Mühe gegeben, sich den Gästen des Landes verständlich zu machen. Jede Misosuppe, jedes Bier, jedes Sushi wird am Tresen als kleines Modell aus Plastik ausgestellt. Die Modelle sind dem Original täuschend ähnlich. Sie sollen dazu dienen, den Touristen ohne Japanischkenntnisse bei einer Essensbestellung zu helfen. Freundliche japanische Köche zeigen den ausländischen Gästen die Modelle, anstatt sie mit unverständlichen Speisekarten zu konfrontieren. Manchmal wird diese Geste wohl falsch verstanden, sodass Touristen sie als Einladung zum Essen begreifen und in die Modelle beißen. Auf jeden Fall haben wir mehrere mit abgebissenen Ecken gesehen, was ihnen allerdings noch mehr Ähnlichkeit mit richtigem Essen verlieh.

Jeden Tag gingen Olga und ich in ein anderes Lokal. Am letzten Tag wurden wir in ein japanisch-russisches Restaurant namens »Frühling« eingeladen. Dort aßen wir japanische Pelmenis mit dem Kulturattaché der russischen Botschaft, der meinen russischen Beitrag an der Universität kontrollierte. Der Koch im »Frühling« hatte eine typische Russenmacke. Schon als Kind hatte er sich für russische Märchen begeistert, wo das Glück und der Reichtum immer aus dem Nichts kamen und niemand sich anstrengen musste, um das Ersehnte zu erreichen. Der japanische Koch hatte autodidaktisch auf eigene Faust Russisch gelernt, um Dostojewski im Original zu lesen. Er begeisterte sich für russische Frauen und Getränke, für Bräuche und Sitten, konnte sich das Leben ohne Russland nicht mehr vorstellen und eröffnete in Tokio dieses russische Restaurant mit Hering, Wodka und Pelmenis. Wobei sein Hering, seine Pelmenis und sogar der Wodka in seinem Laden wunderbar japanisch schmeckten, auf jeden Fall besser als das russische Original.

Der Koch kam an unseren Tisch, um seine Freude über echte russische Gäste zu äußern, die es leider in Tokio selten gäbe. Dieses Jahr habe sich kaum einer von den echten Russen in seinem Laden blicken lassen, erzählte er. Nur eine Zirkustruppe, die in Japan auf Gastspiel war, habe das Restaurant »Frühling« besucht und sei auch nach dem Essen geblieben, wie der Koch uns begeistert mitteilte. Die Zirkusleute hätten in seinem Restaurant viel Zeit verbracht, sie seien Freunde von ihm geworden. Besonders hatte es ihm eine Seiltänzerin, Frau Kowalewa, angetan, eine außergewöhnliche Person. Ob wir sie kennen würden? Noch immer rufe sie ihn aus Moskau an, um drei Uhr nachts, um ihm »guten Tag« zu sagen, schwärmte der Koch.

Wir nahmen ihn als alten Bekannten in unsere Runde auf. Solch eine extreme Form von Russenliebe habe ich bereits in vielen Ländern erlebt. Aber nicht nur Russland kann bei Menschen solche übertriebenen Hochgefühle auslösen. In der Regel verdienen eine solche Liebe nur Länder, die sich in ein Tuch des Geheimnisvollen, des Unerklärbaren hüllen. So etwas macht neugierig. Man will das Fremde verstehen, noch besser vielleicht: selbst ein Teil davon werden.

Nicht alle Länder sind geheimnisvoll genug, um eine solch unvernünftige Liebe zu wecken. Amerika scheint geheimnisvoll, weil die Amerikaner immer lächeln, auch wenn das, was sie tun, gar nicht lustig ist. Frankreich ist auch geheimnisvoll, weil die Franzosen wie Küken aussehen, die aus dem Nest gefallen sind. Russen sind berühmt für ihre geheimnisvolle Seele, kein Mensch versteht sie. Darin ähneln sie den Japanern. Auch sie zu verstehen ist schwierig. Niemals wird sich ein Mensch für etwas allgemein Verständliches begeistern. So war der japanische Koch der geheimnisvollen Seiltänzerin Frau Kowalewa verfallen, die ihn jede Nacht um drei anrief.

Der russische Kulturattaché war seinerseits dem mystischen Buddhismus in Japan verfallen. Dabei sah er gar nicht wie ein buddhistischer Mönch aus, sondern wie ein russischer Spion im Einsatz mit seinem hellen Anzug und der dicken blauen Krawatte. Sein Lebenslauf war typisch für einen sowjetischen, später russischen Diplomaten. Sein Handeln, die ganze Biografie, wurde von oben, von den entsprechenden Behörden gelenkt, denen er sich als Student verschrieben hatte, um Karriere zu machen. Von oben bekam er die Anweisung, die japanische Sprache zu studieren, und wurde später nach Japan geschickt. Dort entdeckte er, für sich selbst unerwartet, den mystischen Buddhismus.

Im alltäglichen Buddhismus muss man Stufe für Stufe die Treppe des Erkennens besteigen, die zur vollständigen Erleuchtung führt. Zwei mystische Suren, die auf unerklärliche Art in ferner Vergangenheit wie von alleine aufgetaucht waren, besagten jedoch, dass es eine Abkürzung gäbe, genau genommen zwei: zwei Wege, die zur sofortigen Erleuchtung führen, ohne dass man sich auf der Treppe der Erkenntnis abmühen muss. Die eine Abkürzung ist die Meditation. Wenn man aus Kopf und Herz alle Gedanken und Gefühle vertrieben hat, braucht man keine Erkenntnisse mehr, um Buddha zu werden.

Die andere Abkürzung besteht darin, sich mit dem Rücken zu einem Mandala-Bild zu stellen, auf dem eine Menge göttlicher zauberhafter Wesen zu sehen sind, und dann eine Blume, zum Beispiel eine Rose, über den Rücken auf das Bild zu werfen. Das Wesen, das man dabei trifft, übernimmt dann angeblich die volle Verantwortung für dein weiteres geistiges Leben. Es wird dich durch das Mandala führen, dich mit anderen Zauberwesen bekannt machen, dich betreuen und sich um dich kümmern.

In einem Anfall von Wehmut hatte sich der russische Kulturattaché mit dem Rücken zu einem Mandala-Bild gestellt, eine Rose geworfen und war fortan nicht mehr vom diplomatischen Dienst der Russischen Föderation, sondern von einem Zauberwesen gelenkt worden, einem Schweinchen mit Flügeln, gekrümmtem Rüssel und einem unaussprechlichen Namen. Nach außen hin schien es keine Veränderungen zu geben. Der Kulturattaché ging weiter zur Arbeit in die Botschaft, bearbeitete die Korrespondenz und nahm am Treffen mit japanischen Kollegen teil.

Die diplomatischen Beziehungen zwischen Russland und Japan waren und sind schwer belastet. Es fehlt ein Friedensabkommen: Die Russen haben sich nach dem Krieg die Kurilen-Inseln unter den Nagel gerissen und wollen sie nicht zurückgeben, und die Japaner wollen sich damit nicht abfinden. Als Kulturattaché musste unser neuer Bekannter für ein positives Bild seiner Heimat sorgen. Das tat er auch, allerdings ohne übertriebene Hingabe. All seine Gedanken und Gefühle galten längst dem Schweinchen mit Flügeln und Rüssel. Auf einen Rat des Schweinchens hin erlernte er die Kunst des Schwertkampfs und besuchte alte Tempel und Orte, von denen er früher nie gehört hatte. Das Schweinchen machte ihn mit anderen Schweinchen bekannt – mit einem Schlangenschweinchen und einem Schweinchen, das für den Lauf der Zeit zuständig war.

Das Schweinchen des Kulturattachés machte seine eigene Diplomatie. So hat es sich zum Beispiel mit uns bekannt gemacht – durch den Mitarbeiter der Botschaft. Die Tatsache, dass das Schweinchen seinen Kulturattaché mit der Russischen Föderation teilen musste, kümmerte dieses Wesen in keiner Weise. Uns offenbarte der Attaché, er fühle sich zum ersten Mal sicher, seitdem das Schweinchen aus dem Mandala in sein Leben getreten sei. Er könne dieses Gefühl nicht ergründen und nur schwer beschreiben, aber es tue gut, auch auf der Schattenseite des Lebens jemanden zu haben, den man kannte.

Olga war von seinem Schweinchen dermaßen fasziniert, dass ich langsam eifersüchtig wurde. Sie hätte gerne noch mehr darüber erfahren. Überhaupt ist Japan wie ein Magnet. Wenn man in den Bann seiner Anziehungskraft gerät, lockt es mit immer neuen Geschichten und lässt einen nicht mehr los. Der Abend im russischen Restaurant war jedoch unser letzter in diesem Land. Am nächsten Morgen verließen wir Japan schweren Herzens. Wir setzten uns ins Flugzeug und reisten zurück in die Vergangenheit. Die zwölf Stunden, die wir auf dem Hinflug als Pfand hinterlegt hatten, wurden uns jetzt zurückgegeben. Wahrscheinlich von dem Zeitschweinchen.

Russische Frauen

Meine Frau gibt immer mit ihren russischen Frauen an, als wären diese eine Kaste. Als wären diese Frauen irgendwie anders und unterschieden sich vom Rest der Welt. Ihr Äußeres ist besonders gepflegt, ihr Inneres widersprüchlich. Oft tun sie nichts. Sie schlafen nämlich gern bis nachmittags. Doch wenn sie aufstehen, sind ihrem Lebensgestaltungswillen keine Grenzen gesetzt. Olga besteht darauf: Diese »russischen Frauen« sind nicht an ihrer Nationalität festzumachen, es müssen nicht unbedingt Russinnen sein. Jede Frau, egal woher, kann als »russische Frau« durchgehen. Manchmal kommt es vor, dass die meisten aus Amerika kommen, und umgekehrt sind längst nicht alle Frauen Russlands dieses Namens würdig.

So wie Olga davon erzählt, haben diese Frauen oft übermenschliche Qualitäten und Eigenschaften, die nicht zusammenpassen. So können sie schwach und zärtlich sein, gleichzeitig aber die Welt retten. Sie können kleine gemütliche Nester bauen und gleichzeitig große Militäreinheiten befehlen, Liebesgedichte schreiben und wilde Pferde reiten. Sie können auf der Suche nach ihrem Freund dreimal um die Welt joggen, ohne ihre Stöckelschuhe auszuziehen.

Vor allem aber warten diese klugen Frauen nicht, bis der Richtige kommt, sondern bauen sich an Ort und Stelle aus dem vorhandenen Material einen Richtigen zurecht. Die Erfahrung sagt, dass man mit Lust und Liebe aus jedem Mist einen Prinzen machen kann. Außerdem ziehen sie ihre Kinder ohne erzieherische Konzepte groß, ohne ihnen den Lebensweg zu weisen und Ratschläge oder Anweisungen zu geben – nur mit Liebe, Verständnis und unendlicher Geduld. In der Regel schaffen sie das auch viel besser als jeder professionelle Erzieher. Eine Pflanze muss bloß gegossen werden, am besten regelmäßig, damit sie Früchte bringt. Das Gleiche gilt auch für Prinzen.

Die russische Frau kümmert sich darum, dass ihre Mitmenschen erfolgreich und glücklich sind, sie selbst bleibt im Schatten. Sie ist ziemlich unsportlich, würde nie einen Berg besteigen, interessiert sich nicht für Politik, hat keine Ahnung von Wissenschaft. Die Männer solcher Frauen werden aber oft große Politiker, berühmte Sportler oder Nobelpreisträger. Dafür bekommen sie zu Hause Liebe, Geduld und Zuneigung serviert.

So ungefähr habe ich das Buch meiner Frau verstanden. Wenn diese Beschreibung stimmt, dann muss ich zugeben, hatte ich immer nur mit russischen Frauen zu tun. Schon als ich sechs Jahre alt war, hat mich ein gleichaltriges Mädchen, Mascha, aus Liebe in einen Busch geschubst, um zu sehen, ob ich eine Heulsuse sei. Die Narbe auf meinem linken Knie erinnert mich noch heute an diesen Vorfall. Ich war offenbar eine herbe Enttäuschung für Mascha. Später, in der zehnten Klasse, hat sie sich sehr ernst in einen

Jungen aus unserer Schule verliebt, der vier Jahre jünger als sie war. Wegen ihres Altersunterschieds lachte die ganze Schule die beiden aus. Sie wollten zusammen durchbrennen, und Mascha erklärte ihrer Liebe, was er auf die lange Reise mitnehmen sollte.

Die Eltern des kleinen Jungen konnten die Absichten des Liebespaares jedoch rechtzeitig aufdecken. Sie beschwerten sich bei Maschas Eltern. Diese schlossen Mascha in ihrem Zimmer ein, und sie durfte die Wohnung nicht verlassen. Aber Mascha machte es den Musketieren nach: Sie band mehrere Bettlaken zusammen und kletterte aus dem vierten Stock vom Balkon. Leider war ihr Freund eine noch schlimmere Heulsuse als ich. Er verriet sie an die Eltern. Ein gemütliches Leben mit seiner Mama zog er dem Abenteuer mit einer echten russischen Frau vor.

Später spielte Mascha in einer Punkband Bass. Die Band hieß »Nacht vor Weihnachten«, ein großes Versprechen steckte in diesem Namen. Laut dem russischen Volksglauben können in der Nacht vor Weihnachten wundersame Dinge geschehen. Jeder Zauber kann wahr werden, und einfache Menschen können in den Sternen ihre Zukunft lesen. Mascha pflegte ihr Hexen-Image auch abseits der Bühne. Auf der Schwelle des Erfolgs heiratete sie dann einen Holländer und verließ das Land. Sehr oft nämlich werden russische Frauen zu einer begehrten Exportware, viele von ihnen sind ins Ausland gegangen.

Seitdem habe ich eine Menge russische Frauen kennengelernt. Ich lernte welche kennen, die ganzkörperparfümiert auf hohen Absätzen in den Wald zu den wilden Tieren gingen – nur um ihrem Mann, einem leidenschaftlichen Jäger, zu Gefallen zu sein. Ich habe russische Frauen kennengelernt, die mit der Waffe in der Hand ihre Männer gegen Banditen verteidigten oder die schwer arbeiten gingen, damit ihre Männer Zeit hatten, sich künstlerisch zu entfalten. Dabei gehen echte russische Frauen nie ohne triftigen Grund arbeiten. Ich kannte auch mal welche, die Drogen nehmen mussten, um die Welt ihrer Kinder besser zu verstehen. Es gibt nichts auf der Welt, was eine russische Frau nicht tun würde, um Menschen, die sie liebt, zu helfen. Gleichzeitig ist sie oft egoistisch, schläft bis halb zwölf und hat am frühen Vormittag überhaupt keine Lust zu reden.

Ich kenne das von meiner eigenen Frau. Sie habe ich in Berlin kennengelernt. Wir zogen zusammen, und schaut euch an, was sie in ein paar Jahren vollbracht hat. Aus mir, der sich hoffnungslos im Dickicht des Theaterlebens verlaufen hatte und von einer künstlerischen Offerte in die nächste torkelte, machte sie einen erfolgreichen Schriftsteller. Sie hat eine Tochter bekommen, die bereits mit zehn Jahren hundert Gedichte auswendig konnte und mit vierzehn aus *Die Brüder Karamasow* zitierte. Später hat sie einen Sohn auf die Welt gebracht, der bereits in der Grundschule zu einem Kung-Fu-Kämpfer und geschickten Schwarzweiß-Fotografen heranreifte. Sie hat drei Katzen, fünf Bäume und eine Unzahl von Pflanzen hochgezogen. Das geht ihr leicht von der Hand, denn sie kennt das richtige Rezept: Man muss immer rechtzeitig gießen.

Wladimir Kaminer wurde 1967 in Moskau geboren. Er absolvierte eine Ausbildung zum Toningenieur für Theater und Rundfunk und studierte anschließend Dramaturgie am Moskauer Theaterinstitut. Seit 1990 lebt er mit seiner Frau und seinen beiden Kindern in Berlin. Er veröffentlicht regelmäßig Texte in verschiedenen Zeitungen und Zeitschriften und organisiert Veranstaltungen wie seine mittlerweile international berühmte »Russendisko«. Mit der gleichnamigen Erzählsammlung sowie zahlreichen weiteren Büchern avancierte er zu einem der beliebtesten und gefragtesten Autoren Deutschlands. Alle seine Bücher gibt es als Hörbuch, von ihm selbst gelesen.

Weitere Informationen zu Wladimir Kaminer finden Sie unter www.wladimirkaminer.de.

Die Übersetzung des Auszugs aus Michael Bulgakows
Der Meister und Margarita auf S. 101–102 stammt von Thomas Reschke,
der Abdruck erfolgt mit freundlicher Genehmigung des
Luchterhand Literaturverlags, München

 Dieses Buch ist auch als E-Book erhältlich.

Verlagsgruppe Random House FSC® N001967
Das verwendete Papier für dieses Buch
ist FSC® zertifiziert

Wunderraum-Bücher erscheinen im
Wilhelm Goldmann Verlag, München,
einem Unternehmen der Random House GmbH.

2. Auflage
Originalveröffentlichung August 2017
Copyright © 2017 by Wladimir Kaminer
Copyright © dieser Ausgabe 2017
by Wilhelm Goldmann Verlag, München,
in der Verlagsgruppe Random House GmbH,
Neumarkter Str. 28, 81673 München
Umschlaggestaltung und Konzeption: buxdesign | München
Umschlagillustration: © Ruth Botzenhardt
Satz: Buch-Werkstatt GmbH, Bad Aibling
Druck und Bindung: GGP Media GmbH, Pößneck
Printed in Germany
ISBN 978-3-336-54760-9

Auf Wiedersehen im
WUNDERRAUM

www.wunderraum-verlag.de